开启问学求真之路

认识自我与世界

王德峰 主编

学林出版社

目录

1
哲学方舟思想实验
郁喆隽
-1-

代序
王德峰
-1-

2
未来决定历史
姜 鹏
-19-

3
读诗词时，
我们在读什么？
侯体健
-43-

4
处理差异的能力是
新时代爱的核心能力
沈奕斐
-67-

5
政治秩序：
人类究竟如何统治自身？
包刚升
-95-

6
如何克服生活中的
非理性决策？
寇宗来
-127-

7
为什么说生态学是
管理大自然的经济学？
赵 斌
-145-

代序
———
王德峰

复旦大学新生通识课：用实践探问本科教育的宗旨

摆在我们面前的这本书，是一个大学讲座系列的集子，这个系列就是复旦大学通识教育中心举办的"给新生的第一堂通识课"。现将这几次讲座的讲稿结集成书，公诸社会各界读者。我认为，这是一件很有意义的事，有益于引发社会公众对大学本科教育的宗旨作深入的反思。

刚从高中跨入大学校门的年轻学子，站在了他们读书生涯的一个转折点上，这个转折点要求他们改变自小学、中学以来长久习惯的学习模式，要求他们从对知识的接受、掌握转为对知识来历的考察，以及对学术问题性质和意义的认识。他们能否顺利地完成这一转变？此事非同小可，关系到中国大学的学术事业之将来。以下，我想谈谈我对这件事的认识，期待引起更多的讨论。

自近代以来，大学取代传统宗教或传统文化的精神机构，而成为一个国家、一个民族开展其科学和人文学问事业，推进学术进步与真理探求的主导领域。但是，面对现代文明所固有的现代性病症（人类生活的抽象化和量化，以及由之而来的对财富增长效率的无限追求），各国的大学都始终面临着沦为高等职业培训所的危险。哈佛大学哈佛学院前院长撰写并发表了他的著作《失去灵魂的卓越——哈佛是如何忘记教育宗旨的》。该书的出版（已有中译本）引起了很大的反响，它确实体现了哈佛大学仍然具备自我反思和自我批判的精神。

今日之大学无疑要不断地为社会输送专业人才，这本是大学向来承担的社会功能。但是，这一功能不能被误解为大学仅仅是职业知识和职业技能的传承之地。这种误解若成为一种普遍的办学态度，就会导致教育丧失其本来的精神。

何为教育之本来精神？其第一个方面，就是视人的培养为人才培养的前提。

人的培养，就是使人作为人而成其为人。人才培养，就是使人成为某种人，如成为工程师、医生、律师之类。

这两者之间的关系是怎样的？我认为，一所大学只有首先关注并帮助它的学生作为真正的人而实现其精神成长，才能使它的学生将来成为有益于社会和有益于人类文明进步的专业人才。与此相反的情况是，大学会培养出一大群作为"精致的利己主义者"的专业人才。这样的人才善于把自己充分地融入整个社会的利益体系，以使自己能够在这一体系的某一角色中成为最大的获利者。

教育之本来精神的另一个方面，就是保存、传扬并丰富一个民族的文化精神。

一个民族的文化精神的盛衰，关系到该民族的文化生命力的强弱。而判断一个民族文化生命力的强弱，有两个标准，一是德性，二是创造性。一个民族的文化精神可能在宗教中，也可能在哲学中。而我们民族的文化精神向来不在宗教中，而是在哲学中，或者说，在文、史、哲三者贯通的人文学问中。这涉及人文学问与自然科学、社会科学的关系问题，此处无法详论之，因为它本身就是一个哲学问题。但是，至少有一点是可以明确的：一个民族是不可能在科学的领地里建筑起她的精神家园的。

倘若我们能够同意上述对教育之本来精神的指认，我们就必须思考这样一个基本的问题：大学本科教育的价值究竟是什么？或者说，我们要追问大学本科教育的宗趣之所在。目前的现实状况是怎样的？我们几乎到处都可以发现，本科教育总是仅作为一个过渡阶段而被理解的：它要么是一个通向未来的职业生涯的过渡阶段，要么是一个通向未来的硕士生、博士生学习的过渡阶段。这样的理解几乎被公认为"天经地义"。然而，我坚持认为，这是一个极为严重的误解。在我看来，本科教育既不是对未来就业的准备，也不是对未来考研的准备。本科教育有属于它自身的目的，它自己就是自己的价值，自己就是自己的目的。换句话说，本科教育有它自主的价值和自主的人文意义。

这一点其实不难理解。进入本科阶段学习的学生的年龄，除了极少数的特殊情况，都在20岁左右，这是人一生中的青春时期。青春是人生最美好的时光，是充满生活热情和憧憬未来的时光。在这段时光中的青年，尚未融入整个社会的利益体系，尚能与在利害得失中的生活保持足够的距离，因此，他或她，还拥有着追求真理的自由和勇气。对于人类而言，青春最重要的价值不在于身体的活力，而在于心灵的自由。而心灵的自由是追求真理、揭示真理的首要条件。大学的本科教育本就是为青春的精神而设的，因此，在大学的本科教学中，教师无权颁布现成的真理和权威的教条。在本科教育阶段，教师与学生的对话是比较成熟的精神和正在成长中的精神之间的对话。这种对话对于一个民族的更加光明的未来非常重要，因为我们每一个人都承认，未来是属于当下的青年的。

既然本科教育是精神的对话，是民族之未来的希望，我们有什么理由把它限定为既有知识的灌输和职业技能的习得呢？

那么，什么是本科教育的自身价值呢？我认为，其自身价值有如下三点。其一，学生在本科阶段的学习中逐渐形成正确认识世界和参与社会生活所需要的来自学术体验的系统性思维方式。其二，学生在其独立思考、自由探索的学习过程中形成探求真理的热情和勇气，而这将使他或她获得一种终身受用的心灵力量。其三，学生在其所属专业的学习中领会到那种使一门学科本身得以成立的人类问题和学科精神，从而养成对现有知识的评判能力，即形成批判性思维和创造性思维的能力。凡此三点，都是他们得以终身受用者。

行文至此，不免要提及这样一个问题：在本科教育中必有的专业教学，与这里所说的本科教育的自身价值，这两者之间处于一种怎样的关系呢？本科学生确实都有其各自的专业属性，更何况每个人都有属于自己的天赋领域，这是专才成其为专才的基础。个体之间有天赋差异，这原是一个不争的事实，因此，术业有专攻，便是自然而然的事。但是，这一点并不与本科教育的自身价值相悖。孔子云："君子不器。"这是大家都知道的一句话。"器"就是专业才能。孔子讲"不器"，并不是否定"器"的重要性，而是讲若要达到君子的境界，就不能被"器"所限制。何为"君子"？古之所谓"大人"者也。古之所谓"大学"，即"大人之学"。《大学》开篇第一句话是："大学之道，在明明德，在亲民，在止于至善。"君子就是能"明明德"、能"亲民"、能"止于至善"者。惟这样的人，才能运用其专才而真成为人才，即能为天下、为文明作出贡献的真才。以莫扎特（Mozart）为例，他传奇般的音乐天赋，一定会引他向往成为一个音乐家，但他能否真成为一个有创造性的音乐家，创造出不朽的作品，却需要一个并不来自其天赋及专业训练的条件，这条件就是他对生活本身的真切体验和在此基础上获得的人文修养。这种体验和修养，使他能够明白音乐的目的和价值，于是，他用他的音乐表达了人类生活的深刻的欢乐和悲哀，表达了大自然的温暖和诗意，以及人类文明本有的理想和希望。

大概，莫扎特的例子已足以说明"君子"与"器"的关系了。君子之养成，原不离器，但并非由器。在"器"中而非"君子"者，是不能成为"真才"的。"真才"就是"君子＋器"。

真才是本科教育的目标，因此，本科教育恰是通过专业教学（关乎器者）来实现自身的价值的。

脱离本科阶段的专业教学而谈论"本科教育的自身价值"，那就只是不着边际的空论而已。全部问题的要点在于：要使本科专业教学成为"本科教育的自身价值"之实现的途径。

本书所收录的七篇讲稿，均在其各自的专业领域中说话，这些领域分别是哲学、史学、文学理论、社会学、政治学、经济学和生态学。虽都在专业领域中说话，所说的却又不是专业知识，这正是这七篇讲稿的妙处。其妙处在于,这七位教师都通过他们的"专业说话"区分了"知识的传授"与"真理的探求"。这些讲稿中都包含了专业知识,但都不是就专业而专业,而是都拿专业来说"事"。

所说何事?大体看来,是如下三事:其一,破常识性成见,去知识堆积之蔽;其二,展示一门学科本身的问题意识以及由此而来的该学科的存在价值;其三,展现学术探讨与现实生活之间的内在关联。

应该感谢这七位教师所作的了不起的努力,这种努力以教学实践的方式揭示出大学本科教育自身的价值和目标,其重要的意义在于区分真理与知识。

人类在各门学问的领域里已经获得的知识确实重要,因为这些知识在其各自适用的范围内都有益于人类的生活(在自然界中的生活和在社会中的生活)。但是知识的有用性并不就使它们成为真理。真理源自人类的思想对文明的基础及其意义的反思和对人类命运的领会。知识是这种反思和领会的客观化成果。因此,在知识中并不等于在真理中,而是,只有当我们进入知识的来历或其渊源中时,我们才有可能处在真理的探求之中。这时,我们才有可能对现有的知识进行批判性考察,从而有可能从事新知识的创造。我想，本科教育的宗趣应当在此。

但是，在今天的大学境况中，这一切很难发生。我所说的境况，是指目前的大学教学广泛呈现的功利主义倾向。大学的不同专业在人才市场上的不同的"含金量"，对于今天大学本科的考生在专业选择上具有很强的价值导向作用。在这种导向之中，学生与其所学专业的关系就难以避免其功利主义的性质。与此同时，大学自身也每每据此而追求自己所设专业在专业人才培养上的有效性程度，以此来衡量自身对社会的贡献。

大学确实应当服务于社会，但绝不等于对社会现存价值体系和利益目标的屈从，而应当担负起以学问引领社会、推动文明进步的责任，这才是大学为社会所作的真正的服务。

以上就是我对在大学展开通识教育之意义的认识，权作本书之序。

哲学方舟思想实验

郁喆隽

复旦大学 哲学学院

一、不能学的哲学

我是来自复旦大学哲学学院的一名教师,作为一名教师,我在哲学学院主要的任务就是教授哲学。我相信很多人听到"哲学"这两个字之后,脑子里肯定就"嗡"地一下——哲学实在是太让人伤脑筋了。但是没有办法,我是哲学老师,必须要跟同学们讲哲学的问题。我个人非常认同一个根本的观念:哲学是不能学的。这让很多人非常困扰。有很多人会问,既然哲学是不能学的,那你们哲学学院那么多老师、同学,每天都在干什么?当然,这个说法不是我本人的原创,而是源于德国古典哲学家伊曼努尔·康德(Immanuel Kant)。他有这样一个说法:Philosophie kann man nicht lernen, man kann nur lernen zu philosophieren。为什么要用德语把这句话表示出来呢?这句话里的第一个词和最后一个词长得非常像。Philosophie

就是哲学，和英语中的 philosophy 很像。西文的"哲学"一词基本上都来自古希腊语的两个词根，philia 和 Sophia，合在一起就表示哲学的本意——爱智慧。康德那句话的最后一个词 philosophieren 是哲学的动词，英语翻译为 philosophize，但是中文当中并没有一个直接的很好的词可以对应翻译，所以只能把它翻译为：人是不能学习哲学的，而只能进行"哲思"。这句话意味着，哲学不是一套现成的、僵死的教条。就算你把全世界的哲学书都背下来了，也不一定意味着你学会了哲思。我们必须训练自己的思维能力和思维方式。有的时候很多人问我，进行哲思是怎样一种体验？一言难尽啊，此中滋味五味杂陈。有的时候和同学们交流，我们经常说"吾日三省吾身"。现在很多人就说，什么是"三省吾身"呢？就是早饭吃什么,中饭吃什么,晚饭吃什么。当然,我认为进行哲思没有必要搞那么严肃。对哲学来说,存在三大基本问题:我是谁?我在干什么?我往何处去?思考的时候也不一定总是苦大仇深的——就像罗丹的雕塑《思想者》那样——我们也可以用"葛优躺"的方式来进行思考。

二、末日假设与哲学方舟

我前几年在复旦开了一门课,是通识的选修课,叫作"电影中的哲学思辨"。我本来想借助电影的方式——像一个阶梯或一座桥梁——让大家通过相对娱乐、相对轻松的方式,进入比较沉重、深刻的哲学问题的讨论当中。很多同学一听"电影与哲学",就觉得好啊,看电影啊。但我再三重申,这不是一门"水课",课上不放电影,我也从来不上"水课"。我只希望通过这样一种方式,让大家接触一些比较深刻的哲学问题。在这里,我将把这门课程当中的一小节内容拿出来跟大家分享。

这部分内容关于一部电影《末日哲学家》(*The Philo-*

sophers），它的另外一个名字叫 After the Dark。整部电影是一场盛大的思想实验。故事发生在一个东南亚国家，在一群学生进行了一个学期的课程学习之后，班主任想以一场思想实验来结束整个学期的学习。班主任老师长得非常帅，名字也很奇怪，叫 Zimit。他提出了一个思想实验，这个思想实验本身非常考验人性：他假定了一种在现实当中几乎不可能发生的情况。所谓的思想实验（thought experiment）就是这样，会提出一些极为极端的情况，尝试把各种条件推向极致，然后看人们在这种条件下会进行怎样的选择。我们都知道，自然科学例如物理、化学、生物等学科会经常做实验。实验本质上就是通过控制变量的方法，来检验假设，求证最终的因果关系。自然科学的实验一般是在实验室里进行的，但我们哲学这个学科进行的实验不需要在实验室里进行，而是在头脑或者在思想中进行，因此被叫作"思想实验"。思想实验的目的和自然科学实验不同，它要求我们反思一些我们平时认为理所应当的东西，进而思考它们得以成立的基础和前提。

《末日哲学家》中这个思想实验的基本设定是这样的：再过几分钟，将发生一场席卷全球的毁灭性核战争，它将毁掉地球表面 99.99% 的人类——这在现实中当然几乎是不可能发生的。不过，假设它发生了，在面对这样的核战争时，你会作出怎样的选择？电影里面设定了一个场景：在教室附近有一个防空洞，这个防空洞里面有干净的空气，足够的水源、食物、药物等，可以容纳几个人进去避难。那么假设在一到两年之后，等核阴云散去，这些人从防空洞里出来，和其他防空洞的人汇合在一起，就可以恢复整个人类的文明了。但是这里有个很要命的问题——这个防空洞的容量是有限的，只能容纳十个人。但是在这个课堂当中，有三十几位同学，还有一个老师。那么，如何从这三十几个人当中选出十个人进入这个防空洞呢？也就是说，这十个人将成为人类文明的代表，延续人类文明的火种。

在这部电影当中，这位老师 Zimit 采取了角色分配的方法——也就是以职业来分配角色，让大家抽签，然后让大家各自代表一个职业角色，来论证自己为什么有资格进入防空洞。最后请整个班级的同学按每人一票，来投票决定究竟谁有资格代表人类进入防空洞。得票多的人可以进入防空洞，来延续人类的文明。这是一种非常典型的、很有意思的思想实验。在电影当中用这种方式进行，和我们哲学当中进行的思想实验极为相似。前面提到，在现实当中几乎不可能爆发这样一场核战争。但是我们可把某些条件推向极致，看大家在这种极端情况下会作出怎样的选择。换句话说，当我们把条件推向极致之后，有些你认为理所应当的东西，我们平时在生活当中认为就应该是这样、从来不加质疑的那些前提、条条框框甚至是刻板印象，将可能面临巨大的挑战。所以这是一种"定向开脑洞"的方式。我非常喜欢这种"开脑洞"的方式，所以我想跟大家来开一下脑洞。

我曾经在讲座上请同学们扫过一个二维码，扫完后会跳转到一个即时投票的页面：我几乎1∶1复制了电影当中的投票环节。并且我让同学们花一分钟的时间投票，选出他们认为应该代表人类生存下去的十个人。为什么要来考虑这样一个假设的、不可能出现的末日的景象呢？我们知道，在西方文化当中有诺亚方舟这样一个隐喻。在远古时代，曾经有一场洪水席卷了整个地球，为了让人类的文明可以延续下去，有一些人和物种将被挑选登上这艘诺亚方舟。但谁来进行选择呢？并不是人自己进行选择，而是由上帝来选择，大洪水本身也是上帝对人的惩罚。有很多电影、影视作品也在讨论类似的问题。比如黄勃主演的《一出好戏》，开始的场景也非常奇幻，或者说是不可能发生的——一群人非常偶然地流浪到了一个岛上。但是这部电影里并没有进行选择的过程,大部分人到了岛上之后,玩的是一场"大逃杀",或者说是一场幸存者的游戏。当然,以前也有很多类似的灾难片,比如《后天》(The Day After Tomorrow)讲的是气候剧变之后人类来不及作出反应,也是没有进行选择。在这些有末日场景的电影当中,人类唯一可以进行选择的就是《2012》这部电影,它也有关于环境灾变的场景。看过这个电影的人可以回忆一下,在《2012》当中,究竟哪些人最后登上了船?第一类是有权力的人,第二类是有钱的富豪,第三类是代表人类智慧高峰、非常有才能的科学家,这三类人最后登上了方舟。前面我把这个问题抛给大家,我相信每个人脑子里肯定有一些想象和预期——如何从这些人当中选出十个人登上这艘方舟?谁可以上船?登上方舟的这张船票绝对不是白白分配给一个人的。一个人可能承载了非常多的价值的、道德的选择,等等。这种在极端情况下的选择当然是非常残忍的。我非常自觉地没有把哲学家放进去,因为我知道哲学家在里面是必死无疑的,就不论证了。大家需要考虑的不仅是让自己活下去,而且还要让整个人类文明延续,所以我把这个思想实验叫作"哲学方舟"。

三、"吃货"统治的世界

在这里，我先揭晓一下那场讲座上同学们投票的结果。有二百零三位同学进行了投票，得票第一位的是外科医生，毫无悬念，肯定是这样；第二位是农夫，大家需要吃饭，种地才能获得粮食；第三位是天体物理学家；第四位是木匠，大家需要造一些家具、房子，也是可以理解的；第五位是纺织者，大家不能赤身裸体，需要穿衣服；第六位是桥梁工程师，大家需要基础设施，要重建家园；第七位是猎人，这个猎人就比较耐人寻味了。大家难道是希望他通过狩猎技巧帮大家打一些野生动物来吃？可是很多动物在全球的核战争之后已经没有了，即便留下来的也是受过核辐射的，你敢吃吗？第八位是铁匠，也可以理解，我们需要一些最基本的工具；第九位是神职人员，这有点让我出乎意料；第十位是渔民，可能大家想的还是要解决吃饭的问题，但是我还有同样的问题，受了核辐射的鱼你敢吃吗？

应该说那次投票的结果有点儿让我出乎意料。我在之前的很多场合，包括在复旦的课程和在校外的各种讲座课程当中，都进行过类似的哲学方舟思想实验，所以我选取了几次的结果，来跟那次投票的结果做了一下对比：2015年和2016年的几次结果都非常接近。外科医生、农夫、猎人、木匠、天体物理学家、纺织者、军人、桥梁工程师、铁匠、幼儿园老师几乎经常被选中。你会发现，如果我们只看前十种职业的话，基本上前面几次的选择结果都是大同小异的，前后的出入大概就是一到两种职业。比如在第一次的选择结果当中，幼儿园老师入选了。我想，可能那次讲座的同学们年龄比较小，没有考虑这方面的问题。大家想一想，这十个人从防空洞出来之后，和世界上其他地方的人汇合在一起，将会面临一个很严峻的任务，那就是生孩子。而这时还有非常严峻的任务，那就是要进行工作、劳动，所以谁来带孩子变成一个很重要的问题。那次讲座的同学可能没有经历到这个人生阶段，就把这个问题给忽略掉了。紧接着，我让他们作了一次集体选择——在这十个人的基础上，将恢复一个新的人类文明，它会是一种怎样的形态？当然有的时候也很奇怪，这一次选择就有军人、警察、猎人，都是非常有强力的人物。后面我又选择了另外三次比较晚的调查结果，在前十位能够幸存下来登上方舟的名单里，职业也是高度重复的。

那次投票结果让我唯一觉得有点意外的就是神职人员。我对以往结果也做过一些分析，可以说那次讲座的同学投出了一个少数派的结果。以往的结果让我得出对现代中国社会的一种观察：首先，大家非常关心安全问题。那次投票的同学没有选很多强力人物，但是以往军人、猎人、警察这三个角色是高频入选的。有一次我在上海一个非常好的中学里，让一些中学生做这样一个思想实验。结果，他们同时选择了军人、猎人和警察。我就问他们有没有想过这样一个情况：如果这三个人，即军人、警察和猎人——他们既有武器，又有战斗技能——他们联手起来要奴役剩下的七个人，这个人类2.0版本会是什么样？这都是非常聪明的一批中学生。他们说他们没有想过，他们想的首先是活下去，而且是有秩序地活下去。如果出现了新的奴隶制度，人类文明的延续会变得更好还是更差呢？其次，大家其实非常崇尚智力。那次投票的结果也可以看出来，大家选择了天体物理学家、桥梁工程师这些有硬技能的理工科的专才，这都毫无问题。最后一点，本质上大家最关心的是底层需求，大家都是"吃货"——首先考虑的都是吃饭、活下去的问题，所以农夫、渔民、猎人高频入选。不过大家没有考虑核污染之后的食物安全问题，打猎和捕鱼可能不是最安全的食物来源。当然从某种角度，它折射出当下中国的集体无意识的一种思想、一种价值取向。也就是说，其实这些结果背后有一种非常强烈的社会达尔文主义，即把千方百计地"活下去"变成我们最主要的甚至是唯一的追求。

当然，从对以往结果的分析我们也可以看出，几乎所有的文化人物都被淘汰掉了。那次投票的结果除了那个神职人员让我有点意外，其他的所有代表文化的职业——文学家、艺术家、画家、音乐家也都被淘汰了。所以从整体来看，也不出乎意料，这是一个"没有文化"的选择。

说到这里，请大家思考一个问题：文化和技术有什么区别呢？大家可以想象，假设没有像爱迪生这样的人出现，终有一天，人类的技术演进到一定的程度，我们总会发明出一种设备来照亮我们的夜晚。但是如果没有关汉卿，没有莎士比亚，没有曹雪芹，我们就不能读到那些流芳百世的作品，也没有一个人可以代替他们，没有一个人可以写出《红楼梦》《窦娥冤》《李尔王》这样的文学作品来。这就是说，文化有它的脆弱性、独特性。而我们能够看到的人类文明，都是差不多在过去一万年里被创造出来的。有人曾经做过计算，如果把150亿到200亿年的宇宙演化历史制作成一张 365 天的年历片，那么大致在 12 月 31 日晚上的 11 点 59 分 46 秒之后，人类文明才出现。

四、人异于禽兽者几希？

我想通过这样一个思想实验来跟大家讲什么问题呢？这个问题也是我教授哲学最基本的理想，哲学并不是要告诉大家一个唯一正确的标准答案。我通过这样的思想实验帮助大家来反思，究竟什么才是人。在文艺复兴时期的伟大画家列奥纳多·达·芬奇（Leonardo da Vinci）所画的《维特鲁威人》中，人被塑造得如此之完美——他好像有一半的兽性，同时又有一半的神性。欧洲中世纪的人有这样一个世界图景，这个图景被叫作"存在的链条"，也被叫作神圣的阶梯：人好像是在一个阶梯的中间。梯子的顶端是神，神下面是具有神性的天使；在人下面是动物和植物，还有其他生物，最后是没有生命的自然物。人既可以向上攀登，获得更多的神性，也可以向下沉沦，变为禽兽，甚至是没有生命的自然物。

法国哲学家布莱士·帕斯卡（Blaise Pascal）就说过，人是会思考的芦苇。这句话也很有深意。我们有的时候会把人的地位抬得非常高，觉得我们是宇宙之中心，万物之灵长。但是帕斯卡觉得，我们无非是一株芦苇，自然界的一点点风吹草动，都可以让我们一命呜呼。但是另一方面，请不要忘记，在至今为止两百多亿年的宇宙演化史当中，我们只看到我们这个种——智人（Homo sapiens），是能够来反思整个文明进程，甚至自己在宇宙中的地位和宇宙的整个演化历史的。所以，我们每个人都要自问：这样一株充满矛盾的芦苇，一株会思考的芦苇，究竟承担了怎样的使命和责任？

我有一年去法国巴黎，在一个非常冷的早上去看了一个非常奇怪的地方——巴黎自然博物馆。在这个博物馆附近还有一个巴黎比较解剖学博物馆，这两个场馆离得非常近，我看了第一个之后又去看了第二个。巴黎比较解剖学博物馆让我感受到深深的震撼。博物馆的底层陈列的是世界上现存的动物的骨骼化石，可谓累累白骨。而在这个展厅的门口陈列的是一个人类的标本，他好像是一个领袖、一个引路人一样带着后面所有的物种朝向一个方向。这个场馆又恰好是1900年巴黎世界博览会的展馆。在这个展览馆的二层，陈列有曾经在地球上存在过的、但是已经灭绝的那些动物化石的标本，我看了之后非常感慨。因为从人的身体来说，人没有什么突出之处——没有尖利的牙齿，没有利爪，没有翅膀，也不能憋很长时间气在水底游泳。那么为什么人可以在短短的时间内，成为地球表面的霸主呢？哲学当中我们经常问这样的问题，这也是孟子提出的问题：人之所以异于禽兽者几希？人和动物，人和禽兽，人和自然物，人和整个背景的宇宙之间的差异到底在什么地方？

在比较解剖学博物馆门口，有一座雕塑——一只红猩猩正在掐死一个人类的妇女。这也是我们噩梦当中经常会出现的场景。那么我们引以为傲的人类的特殊性究竟是什么？我们一直说人是万物之灵长，这个灵长长在什么地方？灵在什么地方？是人的理性吗，是人的语言能力吗，还是我们能够制造工具？从我们最新的生物学研究甚至人工智能角度研究来看，其实这一切都受到了挑战，几乎每一个人类的特性都被逐步推翻了。那么是因为人有学习能力吗？战胜了人类围棋棋手的AlphaGo也有学习能力。似乎没有一样是人唯一的、独一无二的能力。所以这个思想实验是要引发大家的思考，人究竟是什么，什么才能代表人。这涉及人类的自我认识,并不是任何自然科学学科可以直接回答的。

五、双重的人

以上种种让我进行了更多的反思,包括我们的思想实验其实揭露出了人的双重属性。就是人既是自然的产物,同时又是文化的产物。在这个思想实验当中,谁能够登上方舟这个问题,包含三个层次的问题:第一个层次是技术问题,即我们怎么活下去;第二个层次是生物学问题,即我们如何繁衍后代,恢复人类这个种群;第三个层次是最根本的问题,在我看来是关乎人的核心问题——我们应当保存哪些独一无二的文化特质?人类的历史中,可能有文明和文化的历史也只有一万年,但是就是在这短短的一万年当中,我们发明出了如此辉煌的文化。所以那次讲座上同学们的选择其实承载了那个教室里所有人的价值——终极价值。有威望的人一直说我们要"听其言,观其行"。那么那次同学们投票选出十个人的事情,究竟是言还是行呢？应该是行。虽然它是一个在虚拟场景当中进行的思想实验，但依然是行。所以我有一种强烈的感受，这让我们对现在的教育有一个很深刻的反思。我们的同学和我们成年人，甚至很多社会上的人，平时都是文艺青年，表现得小清新，可以谈风花雪月、谈各种美好的事物。但是一旦把真实的选择交给他——这还不是完全让他到这个场景当中去，而是让他想一想如果有这样一场核战争，他会怎么选择——他马上就露出了真面目。这两条路径的表现极不相似。

英语当中的这个词Apocalypse（灾变）来自希腊文，它是由两个词根组成的：Apo表示显露、拿去；Kalyptein表示隐藏、盖住。这两个词合在一起意味着什么？把掩盖真相的东西给揭开，给揭露出来，就是它的意思。所以我之前进行的思想实验很好地帮助我们揭示了掩盖我们真正信奉的、遵从的那个价值观。

古希腊哲学家苏格拉底（Sokrates）非常喜欢一句话："未经反思的生活是不值得过的。"你当然可以不认同他这个说法，但是他至少提出了一个问题，究竟怎样的生活才是值得过的。作为一个教哲学的老师，我希望你们每个人给自己一个答案，问问自己，对你们来说怎样的生活才是值得过的。"认识你自己"也是苏格拉底经常会引用的来自德尔菲的一个神谕。在今天这样一个场景，我们人类经过了几百万年的演化，但是未来会走向何处，大家给出了完全不一样的答案。到底是会佝偻在电脑面前，变成天天上网的宅男宅女？还是未来我们身体的一部分会被机器、电子部件所取代，变成科幻电影当中的异人、某种机器、赛博格或电子超人？还是人类最终会被外星生物所取代，从碳基变成硅基生物？在人类面前有无数可选择的路径。我想通过这样一个思想实验，跟大家分享，促使大家来考虑这样一个问题，这不仅是人类的大问题，也是你的小问题。在人类走在十字路口的时候，希望你给自己一个选择，来定义自己和自己的人性。什么是人，在我看来，人不是你身份证上的那个名字，不是你的身份证号码，不是你的星座血型籍贯，人就是人自己的选择。

未来决定历史

姜 鹏

复旦大学 历史学系

一

很多人看到这个题目，肯定以为我弄错了，因为明明是历史决定着未来的走向，这是常识，怎么会是未来决定历史呢？其实，我们有些常识并不一定是正确的，或者至少是不全面的。更多的时候，有些常识被教条化地对待，以至于我们对它丰富的内涵所知甚少。我与大家分享的话题是，关于历史认知的起点，我们对于历史的认知到底是从哪里开始的，或者说，是什么决定了我们对于历史、对于过去的认识。解决与历史认知相关的问题，当然是属于历史学范畴内的事。

首先摆在我们面前的问题是：什么是历史，什么是历史学？在这里我不想给出非常专业的定义。如果从学术的严谨角度来说，我们需要分出"历史"有几个层次，各层次之间是什么关系，"历史"和"历史学"又是什么关系。

鉴于绝大多数朋友不是历史专业的，我们就按普通人的日常认知来对"历史""历史学"这两个概念做简化处理。我们平时总看过一些和历史有关的书籍，在中学阶段应该也学习过历史。以这样一种认知为基础，我们可以这样总结：什么是历史？历史就是过去的人和事，在此刻之前的一切我们都可以称之为历史。那么历史学当然就是对已经过去的人和事的讲述、研究，或者说是对他们的理解。所以，"历史"这个词在人们通常的认知里，是和"过去"这个词紧密联系的。

那么作为"过去"，它最基本的特点又是什么呢？它应该具有一种不可更改性或不可逆转性吧。比如，你上个学期某门课考试成绩得了一个C，你想改掉它，除非你动用违法违纪的手段去做。但即便得逞了，改掉的也只是表面的分数,就你参加了考试,老师根据你的答题情况给出成绩这件事本身而言,它是不可更改、不可逆转的。所以它看上去好像是一种客观的存在,此刻的你无法更改已经发生过的事。同样,生活在今天的人们,无法干预、更改历史上任何一件事情的结果。所以这就导致大家产生一种认知,好像历史研究的内容是一种纯粹的客体,是不依赖人的意志而转变的客观存在。这是我们对于历史的一般看法。

但如果我们仅仅是这样来理解历史的话,马上就会碰到一些疑问。我们来看一个案例,先向大家介绍两位20世纪非常有影响力的史学家,一位是钱穆,一位是郭沫若。钱穆有一部非常著名的中国通史著作,书名叫《国史大纲》,是在20世纪30年代撰写、出版的,直到今天还是一部非常畅销的通史类著作。郭沫若在1949年以后也主持编纂过一套中国通史,书名是《中国史稿》。这两位史学家都非常有成就,但治学风格、类型完全不同,在20世纪学术界,分属于两个不同阵营,而且是在各自的阵营中具有代表性的学者。钱穆先生是20世纪最有代表性的文化保守主义者之一,他对中国的传统文化充满着理解的温情,用钱穆先生自己的话来说,他这一辈子都是在为中国文化招魂。而郭沫若,大家知道他是中国20世纪马克思主义史学的代表人物之一。

我们同时打开《国史大纲》和《中国史稿》，耐心地比较、品读，你会发现一个非常有意思的现象，对于同一历史阶段的叙述，钱穆和郭沫若所描绘的场景和得出的结论，很可能是完全相反的。比如谈到春秋时代的大变动，郭沫若的《中国史稿》会使用"奴隶起义和国人暴动"这样的章节标题，强调荒淫无度、纵欲享乐的奴隶主阶级对奴隶和平民的残酷剥削和压迫，最终引起了劳动人民的反抗，奴隶制度在劳动人民的反抗中被埋葬。那个时代的大思想家，比如老子和早期道家代表人物，被郭沫若指认为代表那些"破落的奴隶主贵族"，而孔子则更是"日趋没落的奴隶主贵族的政治和思想上的代表，一个著名的反动人物"。[1] 以前我念中学的时候，历史教科书基本上就是采用这套说法。

而在《国史大纲》里，几乎每一个章节，钱穆都会找出一个让你感动的中国文化基因。比如该书的第六章向读者介绍了先秦诸子百家的思想学说，里面同样包含了对孔子、老子的评价，而钱穆用的是"民间自由学术之兴起"这样的标题来概括百家争鸣现象。[2] 在他笔下，先秦时代

---

[1] 郭沫若主编：《中国史稿》第一册，人民出版社1976年版，第374、378页。

[2] 钱穆著：《国史大纲》（上册），商务印书馆1996年版，第93—112页。

的大思想家,无论是孔子还是老子,或是其他学派,不仅不是反动、没落的,恰恰相反,他们的出现意味着官府垄断学术、思想的局面被打破,代表着一种民间新兴的伟大力量。这一定位和郭沫若《中国史稿》中的论调截然不同。再比如谈到宋代,《中国史稿》用了"北宋封建专制主义中央集权的统治"这样的标题。[1] 钱穆虽然也批评宋代的积贫积弱,但他还会强调宋代士大夫精神崛起的正面意义。[2]

钱穆和郭沫若讲的不是两个国家的历史,他们讲的是同一个国家的历史。那么问题来了,同样是对中国历史的总结,两位历史学家又都非常权威,为什么他们的结论会如此不同?

二

为了解决这个疑惑,我们需要讨论两个问题。先讨论第一个问题:无论是钱穆撰写的《国史大纲》,还是郭沫

---

[1]《中国史稿》编写组:《中国史稿》第五册,人民出版社1983年版,第60—154页。

[2] 钱穆著:《国史大纲》(下册),商务印书馆1996年版,第557—580页。

若主编的《中国史稿》,这些书中的内容,仅仅是对已经发生过的中国历史的简单描述和忠实记录吗?我们也可以换一种方式来表述这个问题:被写进书本里的"历史",是客观的、已经发生过的历史本身吗?

为了便于大家理解,我先举一个生活中常见的案例。比如,在你的班级里有A和B两位同学,A同学是你最好的朋友,而B同学跟你的关系最差。他们都坚持写日记,而且都在日记里提到了你。A同学在日记里记录了很多你们一起逛街、看电影,一起学习探讨的情形,在他的日记里,你是一个阳光开朗、好学善良的形象。而B同学平时跟你保持着距离,一旦你受到老师的批评,或者陷入某种尴尬的场景,他就会在日记里把这些情况记录下来。所以,在B同学的日记里,你的形象猥琐又好笑。这世界上只有一个你,A同学和B同学记录的也是同一个你,但在他们的日记里,你的形象为什么会截然不同?

道理很简单,无论是A同学还是B同学,他们在看待你、记录你的时候,有他们自己的眼光和角度。被他们写进日记的你,并不是单纯的、客观的你,而是他们眼中的你,是他们对你的理解和看法。

同样的道理,你想一想被写进《国史大纲》和《中国史稿》的"历史",是客观的历史本身吗?当然不是这么简单。事实上,《国史大纲》展现的,是钱穆对中国历史的理解,而《中国史稿》所展示的则是郭沫若等人对中国历史的理解。这两部书中所载中国历史的差别,事实上是两种不同类型的历史学家之间的差别。

总结一下第一个问题,面对一部历史著作,你首先需要明白的是,被书写的历史,和真实发生过的历史并不是简单等同的,里面必然包含着某位历史学家或相关书写者的主观立场和见解。理清这个问题之后,我们可以来讨论第二个问题:那么又是什么决定了这些历史学家之间的差异呢?

这牵涉到本次讨论的核心话题,我们可以从历史和现实的关系说起。人们的生活,总是从过去走到现在,再从现在走向未来,每个人的过去,当然也可以说是他自己的历史。于是我们可以看到,"历史—现在—未来",连成了一条时间线。"现在"是我们所处的时间点位,以此为中心,"历史"和"未来"形成一种对称关系。但这对称的两者,又有着截然不同的特征,即确定性与不确定性的差异。历史是已经发生的,似乎就是一堆客观存在的事实,是不可更改、不可逆转的;而未来将要发生什么,却是不可知的，充满着不确定性，它有很多种可能。这就是两者最大的区别。那么，对于任何一个普通意义上的人来说也好，对于任何一个民族或国家来说也好，历史和未来，哪个更为重要呢？当然是未来。未来才是我们的生活乃至于生命的全部意义所在。我们希望未来是美好的，然而未来却未必如我们所期待的那样一帆风顺、阳光明媚。这也正是未来的魅力所在，我们对它充满着憧憬，却并不知道它是什么样子。在这个问题上，我们每个人都像古时候洞房花烛夜的那个新郎，在掀起新娘子的红盖头之前，内心是澎湃而矛盾的。

我们反过来想一下，如果未来和历史一样，是十分确定的，是你可以预知的，同时又是不可干预、不可更改的，那这不仅会使我们所有的努力失去意义，它甚至会变得十分可怕。比如说，你这个学期一开学刚选了五门课，选完课你就知道了一个结果：你这五门课都会挂掉，而且这个结果是不可更改的。在这样一种确定的、可预知的未来面前，你还有继续生活下去的勇气吗？很多人恐怕会失去生活的勇气，这是一件很可怕的事，好在这种情况应该是不会发生的。

然而人性的奥妙与复杂恰恰就在这里，未来的不确定性给人以种种焦虑，万一我所期待的美好未来不能实现怎么办？乃至于未来真要变得十分糟糕的话，我又该怎么办？这种焦虑和惶恐，又会促使现实生活中的很多人非常想提前知道未来的答案。万一未来不尽人意，那就趁早想办法改变一下命运，或调整一下人生规划。所以在这里，我可以给你一个观察结论：人们的这种焦虑感，对未来的不确定性的恐惧感，是很多人行动的前提。也就是说，绝大多数人日常的所作所为，都源于这种焦虑和恐惧。

受过高等教育的我们，可以找一种理性的、大家觉得比较靠谱的方法来解决这个问题。以选课为例，我们在这里不谈学术兴趣、求知导向等问题，只谈如何筛选出更容易得 A 的课程。从理性的角度讲，你可以对想选的这门课进行研究，比如这门课的老师对学生要求高不高，他的教学特点是不是你比较适应的那种，这门课的历年得 A 率、挂课率大概维持在百分之几，还可以再研究分析一下这门课程考试的历年真题，看你的能力是否足以应付。你还可以通过网络查询，采访选过这门课的学姐师兄们，得到大量的历史数据，再对其他若干门课程做同样的调研，然后把它们放在一起比较，最终得出哪门课更适合你的结论。这是一种理性的选课方案。请注意，在这个方案中，有一个元素非常重要，就是供你分析的各种"历史数据"。

你应该已经注意到了，这种理性的方案，其实就是很多学者在日常研究中使用的方法，比如宏观经济学家就擅长用以往的经济数据来推测接下来的经济走势。这种方法的本质就是用已知推导未知。借着这个思路，我们再来看"历史—现在—未来"的关系。在这里我们找到了一条线索，如果我们试图去把握那并不确定的未来的话，至少有一条路径可以是这样的：先仔细了解"历史"，通过"历史"总结出一些经验、规律，或相关认知，然后凭借着这些认知，再去预测未来的可能性，针对这些可能性，再选择趋利避害的方案。这既是一种理性的研究方法，也是一种理性的认知模式。中国古人经常说这样两句话，第一句叫作"藏往以知来"，这句话是常见的。就是你把发生在过去的事情了然于胸，研究透在什么情况下会导致什么样的后果，那么对于未来在相同或相似的情况下会发生什么，也就大致知道了。还有一句话叫作"察古以鉴今"，这和前一句话的意思其实是一样的，就是对于过往的历史进行考察，然后得出经验、结论，用以指导今天。讲到这里，我们揭示出了历史学的一个本质，或者说是它最基本的社会功能，原来人们研究历史也是为了消除对未来的不确定性（尤其是那些负面的不确定性）的焦虑和恐惧。历史学看上去和算命、风水八竿子打不着，但它们存在的目的和最基本的应用功能居然是一样的！反过来说，未来真要那么确定的话，也就没有必要研究历史了。

三

我们先把前面讲的部分做个小结。大家已经明白了被书写的历史并不是真实、客观的历史本身，而是历史学家站在自己的角度、立场所作的对历史的描述与解释，所以立场、角度不同的历史学家，对同一段历史的描述、理解往往差别很大。但我们仍然没有解决一个关键问题：是什么导致了历史学家们立场、视角的差异？前面我花了很多篇幅来揭示历史学的一个基本功能，历史学其实就是用来帮助人们把握未来，消除与未来相关的焦虑的。说清楚这一点非常重要，这有助于我们理解"历史学家的差异来自哪里"这个关键问题。接下来，我们就集中来讨论这个问题。

我在复旦大学的通识教育板块开了一门史学经典导读课程——"《资治通鉴》导读"。《资治通鉴》的主编是司马光，书名是当时的皇帝宋神宗御赐的。关于这部书为什么叫《资治通鉴》，宋末元初的学者胡三省有一个总结，他说因为这部书能够"鉴于往事，有资于治道"[1]。胡三省是迄今为止最好的《资治通鉴》注释者，他的这句话既简练又精准地概括出了这部书的功能特征，以及人们对它的期待。也正是这种功能特征与期待，形成了《资治通鉴》最重要的编纂和文本特点。

"鉴于往事，有资于治道"这句话，和我们之前提到的"藏往以知来""察古以鉴今"这两句话，在意思上非常接近。在中国古代，人们认为好的历史研究，必须具备一项功能，那就是对于今天要有所帮助。当然，帮助今天的最终目的还是为了建立一个更美好的未来。从这一点上说，古人比今天很多职业历史学家更懂得历史研究的基本功能和终极意义所在，更懂得把历史和未来联系起来看待。你仔细体会一下《资治通鉴》的书名，它非常典型地体现了我们前面分析的，通过考察历史以把握未来的

---

[1] 胡三省：《新注资治通鉴序》，载《资治通鉴》（第一册），中华书局点校本1995年版，第28页。

思路。

但众所周知，司马光这一生除了修《资治通鉴》之外，还做了一件重要的事情，就是反对王安石变法。这两件事情在他后半生，大约在二十年的时间里面几乎是交相辉映的。

王安石在宋神宗熙宁二年（公元1069年）开始变法的时候，提出了十三条变法主张，其中有六条直接和财政改革有关。王安石的一个主要思路，就是通过理财让国家增加财政收入。司马光是什么意见呢？反对，而且是非常坚决地反对。为什么说司马光修《资治通鉴》跟参与这场政治辩论是交相辉映的呢？我们可以在《资治通鉴》中看到，有大量历史案例被司马光用来证明，各种各样理财手段的本质如出一辙，无非就是巧立名目，暗地里盘剥老百姓的财富。这种理财手段，其最终结果必然是导致民心瓦解，使得维护社会平稳、和谐的基础不复存在。在《资治通鉴》唐史部分，司马光重点讲述了唐玄宗时代涌现出来的一批理财能臣。唐玄宗使用这些理财能臣的结果是什么？政府的确搜刮到钱财了，但是整个社会也崩塌了。

我们知道王安石变法，并不是王安石的个人行为，在他背后有一个非常坚定的支持者，那就是当时的皇帝宋神宗。宋神宗为什么要让王安石主持变法呢？宋神宗有一个梦想，要完全收复燕云十六州。所谓"燕云十六州"，是指今天山西北部、河北北部，包括北京、天津在内的十六个军事重镇地区，五代时期的后唐政权对这片领土享有统治权。这些州构成了中原政权防御北方游牧势力南侵的前线要塞。但参与了后唐晚期政治斗争的石敬瑭，为了争取契丹贵族（即辽朝的统治者）的支持，把这十六个州献给了契丹人，使得中原王朝失去了地形上的战略屏障。十六个州中除莫州（今河北省任丘市北）、瀛州（今河北省河间市）等少数关南之地（瓦桥关以南），在五代最后一位实质性君主周世宗时已经从契丹人手中夺回之外，多数领地直至宋代，仍掌握在契丹人手中。针对这个历史遗留问题，宋朝建立以后，和契丹辽朝有一些博弈，在宋真宗咸景德初年（公元1004—1005年间）澶渊之盟签订后，宋、辽双方形成均势抗衡，并达成了某种谅解，这个问题在维持周世宗时代状况的前提下，被搁置了。直到宋神宗即位后，宋朝收复燕云剩余土地的雄心才又被点燃。

介绍这个背景的目的，是希望你能明白，宋神宗之所以任用王安石理财，最终目的还是要强兵，要开拓边境。司马光自然明白这一点，他的意见当然还是坚决反对。这在《资治通鉴》中也有体现,其中对汉武帝时代的描述、评价,是非常典型的。《资治通鉴》第17—22卷属于汉武帝时代,阅读之后,你会发现其中有一条非常清晰的叙述思路:汉武帝雄心勃勃地开拓边境,树立大汉声威,但昂贵的战争、外交成本,超出了国家财政的能力范围,所以只能通过一系列理财手段来弥补亏空。但大力搜刮社会财富,最终导致吏治腐败、民生艰难、内政困难、矛盾重重,并激发了民间起义。这样一种行为模式,最终把整个汉朝社会推向了崩溃边缘,汉武帝统治下的大汉王朝曾经一度摇摇欲坠。

无论是在《资治通鉴》里,还是在司马光和王安石辩论的过程中,有几个问题出现的频率都非常高。比如第一个问题,国家是否应该通过参与经济活动来增加财政收入,与此相应,怎样的财富分配方案有利于一个国家的长治久安。这在《资治通鉴》里是一个大主题,在司马光和王安石辩论的过程中也是一个大主题。另外一个重要问题是:一个成功的国家是否必须疆域广大,以及一种好的统治是不是必须依靠强大的军事实力。

如果比对着司马光和王安石关于现实政治的争议来阅读《资治通鉴》,你会发现,在整部《资治通鉴》里,所有经验教训，无论是关于经济、财政的，还是关于疆域、战争的，似乎都是在证明司马光的观点才是正确的，而不是支持王安石或宋神宗的主张。《资治通鉴》里的历史经验和历史教训，好像是司马光自家园子里的菜，他想要什么，就有什么。这是为什么呢？难道真的就是因为历史经验只支持司马光的观点吗？当然不是，关于这个问题，我们前面已经分析过了。这里体现在司马光《资治通鉴》里的特点，和体现在钱穆《国史大纲》、郭沫若《中国史稿》里的特点都一样，是历史学家根据自己的立场、视角选择的结果。司马光显然根据自己的需求对历史讲述和历史解释进行了选择。现在我们可以正式回到，是什么促使司马光作出这样的选择这个问题上来，把这个问题弄明白了，历史学家间的差异是怎么造成的这个问题，自然也就解决了。

四

司马光为什么这么强调历史上以财政扩张手段加强军备、开拓边境的失败案例呢？很明显，他试图用这些失败案例挽回年轻的宋神宗冒失的行动计划，讲得夸张一点，甚至可以说是为了吓倒宋神宗，希望他在国家大政方针上改弦易辙。从一个角度看，司马光是在试图阻止一种未来的可能，即他不希望看到大宋王朝走上穷兵黩武、内忧外困的道路。对这样一种未来，司马光是抵制的，那么相应地，必然有另外一种未来，是司马光希望看到的。我们也不难分析出来，司马光希望国家以民生为先，平稳发展。请注意，这里最重要的是司马光对未来的关心，是他希望大宋王朝有一个怎样的未来。

通过这个案例分析，我们发现了一个很有意思的现象。如果把"历史—现在—未来"这条时间线索置入司马光的思考维度，我们会发现，他并不是毫无目的地把历史经验总结出来，再根据这些经验去判断未来，而是和我们通常认为的通过历史来推断未来的次序相反，司马光是把对历史叙述、解释的选择建立在一个成熟的"未来"观之上的。也就是说，司马光先有了对未来的看法，然后倒过头来寻找历史依据，以证明他设计的通往未来的路径才是正确的。

因此，我们可以得到这样的认识：很多时候，历史学家并不是按照我们在一开始的时候介绍的那个逻辑来思考问题的，并不是先通过认识历史以确定现在，并展望未来的。很可能他们的思路是反过来的，首先在他们内心有一个对于未来的想象，有一个他们所认为的好的未来应该是怎样的想法，然后反过来用对于未来的理解来确定对于历史的解释。

讲到这里，我们的答案终于可以呼之欲出了。用分析司马光的这套方法，我们同样可以探知究竟是什么决定了钱穆和郭沫若之间的差别。不要忘了，在我们不停地向大家展示的"历史—现在—未来"这根时间线上，历史、现在、未来这三端，哪一端具有最强的不确定性？是未来，是吗？历史，本来是已经发生过的事，它应该是确定的、不变的。但我们通过比较不同历史学家的著作发现，这本应确定的过去，居然也变得如此不确定起来！那么，这种不确定性来自哪里，或者说是谁"传染"给它的呢？未来是开放的，拥有无限可能，不同的人站在不同角度，可以做出迥然相异的规划，得出截然不同的结论。他们为了证明自身方案的合理性，都要到历史上找证据，用已往的经验证明自己是正确的。历史的内容太丰富了，不同理念的人都能根据自己的需要找到合适的证据，然后再把这些证据拼凑成一个逻辑链条，以"历史—现在—未来"的形式展现在你面前，实则他们真正的操作路径是根据未来选择历史证据，所以应该是"未来—现在—历史"。未来的不确定性、开放性，决定了历史解释的不确定性和开放性。我们怎么看待历史，是由我们有怎样的未来预期决定的。

进一步以钱穆和郭沫若的差异作些具体分析。先来看钱穆有怎样的未来观，他在《国史大纲》的引论部分说：

今日所需要之国史新本，将为自《尚书》以来下至《通志》一类之一种新通史。此新通史应简单而扼要，而又必具备两条件：一者必能将我国家民族已往文化演进之真相，明白示人，为一般有志认识中国已往政治、社会、文化、思想种种演变者所必要之智识；二者应能于旧史统贯中映照出现中国种种复杂难解之问题，为一般有志革新现实者所必备之参考。前者在积极的求出国家民族永久生命之泉源，为全部历史所由推动之精神所寄；后者在消极的指出国家民族最近病痛之证候，为改进当前之方案所本。此种新通史，其最主要之任务，尤在将国史真态，传播于国人之前，使晓然了解于我先民对于国家民族所已尽之责任，而油然兴其慨想，奋发爱惜保护之挚意也。[1]

---

1 钱穆著：《国史大纲》(上册)，商务印书馆1996年版，第8页。

钱穆先生写这段话的时候，正值民族存亡危机最为严重的时刻，如何存续中华民族这个群体及其文化，是当时文化保守主义阵营中的学者最为关心的话题。仔细体会这番话，钱穆固然承认中国文化传统有种种弊病，需要革新，需要通过学习其他先进文明体的成果以改良自己，但理解、保存中国文化的优秀基因仍为必要，而且最终的落脚点是要让中国历史、中国文化更好地延续。也就是说，钱穆设想的中国或中华民族的未来，是一个既能吸纳先进文明成果，又不失保持着自身特点的种群，中国人整体上仍能生活在自己的文化氛围中。为达到这个目的，中华民族的有志之士都负有"奋发爱惜保护"这种文化基因的责任。

为了承担这种责任，钱穆用了"发愿"这个词来形容他撰写《国史大纲》的心路历程。在整部书的第一页，钱穆更是写下了"凡读本书请先具下列诸信念"，一共四条，其中最核心的应该是第二条，其内容云："所谓对其本国已往历史略有所知者，尤必附随一种对其本国已往历史之温情与敬意"。[1] 钱穆穷一生之力，试图向国人证明，中国

---

[1] 钱穆著：《国史大纲》（上册），商务印书馆1996年版，第1页。

人完全可以凭借着自身文化中的优秀基因（以及必要之改造）走向现代社会，走向民主自由。这是他为中华民族设计的通往未来之路。

郭沫若当然不会同意钱穆的观点。作为新文化运动健将、新民主主义革命的重要参与者、中国最具有代表性的马克思主义史学家，推翻中国原有的旧文化，创造一个全新的世界，本是郭沫若的志业。这种态度恰恰是钱穆批评的"历史虚无主义"。而站在郭沫若的立场来看，如果钱穆说的都是对的，那还要新文化运动干吗？还要革命干吗？郭沫若不仅接受了马克思主义的历史观，而且接受了五种社会形态学说，即认为人类社会普遍地按照"原始社会—奴隶社会—封建社会—资本主义社会—共产主义社会"的规律发展，全人类不分其国家、民族，都会按照这个规律演进。那么在这个规律支配之下，也就不存在中华民族或他民族的特殊性。不仅没有，还需要通过彻底革命等手段把各自民族的个性磨灭掉，以趋迎此一规律。《中国史稿》正是按照这五个社会形态发展规律来归纳、总结中国历史的。也就是说，郭沫若所相信的中华民族最好的未来，不必通过继承本民族的文化基因来达成，不必凸显自身文化特点。这样一种未来观与钱穆是截然相反的。

郭沫若的未来观必然导致其对中国历史的批判与否定。关于未来观决定历史观这一点，我们在郭沫若身上看得最为清楚。同时我们也可以看到，郭沫若和钱穆不同的未来观反向导致的历史观念上的差别。讲到这里，我想我已经把不同流派的历史学家在处理相同的历史内容时，为什么会有如此巨大的差异讲清楚了，也把本文的主题，为什么说历史是由未来决定的，为什么历史的起点是未来这一点讲清楚了。如何解释历史，很大程度上是为论证某一种具体的未来观念，或者某种与众不同的通往未来的道路设计服务的。再举一个浅俗些的例子，你对你的伴侣既有爱的理由，也有恨的理由，至于你选择更多地强调你们相爱的历史，还是强调相互伤害的历史，往往取决于你们是否要继续共同面对未来，继续一起走下去。

我们用这个结论来观察以司马光为代表的古代史学家，同样是成立的。他们提出的察古以鉴今，或者说是稽古以至治，看上去是通过观察历史来把握未来，但事实上每一个历史学家都有一个先验的对于未来的看法，这种关于未来的理念，反过来决定了他们是如何理解历史的。

当然，关于历史和未来的关系，我们还可以继续讨论，去揭示它们更为复杂的互动关系，而不必简单地认为未来对历史的决定是一种单向的作用力。我这篇文字的主题重点在于提醒大家，我们的历史观念，我们对历史的理解，以及历史和未来的关系并不是很多人想象的那么简单。历史学家，甚至一个普通人，他的历史观很多时候的确是由未来观决定的，是的，这样的事情发生了，并将在人们的认知世界里延续下去，这是一件多么奇妙的事情！

读诗词时，我们在读什么？

侯体健

复旦大学 中国语言文学系

我要跟大家分享的话题，叫作"读诗词时，我们在读什么？"。我是复旦中文系的侯体健，在复旦开了好几门有关古典诗词的课程，讲了多年的诗词。有一些问题，是同学们经常会问的，比如，我们应该怎样去欣赏诗词，在读诗词时，我们究竟要了解它的什么东西。这个问题，并不是那么好回答，我们不妨从右边这首诗讲起。

62

དང་པོ་མ་མཐོང་མཆོག་པ་
ཤེམས་པ་ཕོར་དོན་མི་འདུག
གཉིས་པ་མ་འཛིས་མཆོག་པ་
ཤེམས་འཛའ་ལས་དོན་མི་འདུག

这首诗歌，是一首曾经很流行的作品，不知道大家读懂了吗？不知道有没有懂藏文的同学，不过，我想至少绝大多数同学是无法欣赏这首作品的。它是六世达赖喇嘛仓央嘉措的情歌。我们知道，仓央嘉措的情歌缠绵悱恻，而且语言非常简朴明快，有强烈的民歌风味，能够打动许许多多的人。但是，由于我们中绝大多数人不识藏文，所以想要喜欢上他的作品，了解他这个人，都需要专业学者将藏文翻译成汉语，然后我们才能阅读。当语言成为我们阅读诗文的阻隔的时候，再美的作品，我们都无法欣赏它。我们要欣赏它，只能是通过翻译。所以，翻译者呈现的译文，才是我们接受它的基础。

这首标为第 62 首的仓央嘉措情歌，如果被翻译成汉文，会有许多不同的翻译文本。我们先看于道泉先生的翻译。他是一位藏学家、语言学家，1930 年曾整理翻译仓央嘉措情歌，发表于当时的"中研院"史语所刊物上。

第一最好是不相见，如此便可不至相恋。

第二最好是不相识,如此便可不用相思。

我想,于先生的翻译,已经较为准确地传达出了仓央嘉措原文的意思。我们再看两种翻译。一种是刘希武先生的翻译,他是这样翻译的:

最好不相见,免我常相恋。
最好不相知,免我常相思。

还有一种是王沂暖先生的翻译:

第一不见最好,免得神魂颠倒。
第二不熟最好,免得相思萦绕。

三种翻译,从内容角度来说,差别并不大。无论哪种翻译,我们都能理解仓央嘉措这首作品所要表达的,就是深陷爱河的作者面对相思时的那种难以遣怀的心绪。它是用反语来形成强调的,似乎想要解脱,但越这样想,其实就越无法解脱,缠绵之情越深。显然,这三种翻译,表达的内容虽然一样,但给我们的阅读感受,却依然有些细小的差别。根据之前讲座和课堂的现场反应来看,读到王沂暖先生的翻译时,同学们的笑声比较大。为什么?它是由表达的内容决定的吗?显然不是。

还是这首作品,我们再来看一种翻译,是原来四川大学中文系曾缄教授的翻译:

但曾相见便相知,相见何如不见时?
安得与君相诀绝,免教辛苦作相思。

他把仓央嘉措的情歌翻译成了传统的七言绝句形式,内容依然是原来的内容,但形式变了。形式变了,语言也跟着变了。七言绝句的形式,让这首情歌,更有内在的节奏感,而且在各种体裁中,七言绝句是最擅长抒情的。曾缄教授的翻译,更能引起大家对于"诗"这种文体所应有的阅读期待。这种美是出自汉语本身的美,是一种积淀于民族整体审美心理的美。他要表达的意思和前面三种有什么不同吗?没有太多的不同。但是,正如朱光潜先生所说,"更动了文字,就同时更动了思想情感"。在我看来,曾缄的翻译,更具有诗的美感。

我们再看曾缄翻译的另一首仓央嘉措的情歌,它在某部电影中，被改编成主题歌，为大家所欢迎。

曾虑多情损梵行，入山又恐别倾城。
世间安得双全法，不负如来不负卿。

这首作品，于道泉是这样翻译的：

若要随彼女底心意，
今生与佛法的缘分断绝了。
若要往空寂的山岭间去云游，
就把彼女底心愿违背了。

这首诗要表达的是仓央嘉措作为佛教徒，在面对世俗男女之情时的矛盾心情。于先生的翻译可能更忠实于原文，而曾先生的翻译则加上了最后一句"不负如来不负卿"的直白感叹。大家也可以对照阅读，看看自己更喜欢哪一种？

以上是从仓央嘉措情歌的翻译着手，谈诗词的语言形式对我们阅读审美的重要性。其实，许多时候，诗词给我们的美感，还不仅仅在其他语言（外语或少数民族语言）与汉语之间的差距所带来的审美、阅读隔膜，哪怕同样用汉语表达同样的意思，作者在辞藻、意象、句法、典故乃至基本的表达形式上的不同，也会直接影响审美。

我们看看下面这首作品，大家读过吗？

我祖宗当过皇上啊！我爹是"李刚"。我在一个牛叉的日子出生了，我爹给我取了一个很牛的名字。我有内在的美，我还是个大美人。我披了一身的花花草草到处逛。看到了草木黄了，想到我自己也要老得不成样子，所以我很伤心……

这篇东西能读吗？如果有人说这是一首诗，那得让人们对汉语文学感到多么失望啊！但是，对《楚辞》稍微有点了解的同学，可能会发现，这篇东西所表达的内容与一首作品非常相近！对，就是最著名的《离骚》，它开篇说：

帝高阳之苗裔兮，朕皇考曰伯庸。摄提贞于孟陬兮，惟庚寅吾以降。皇览揆余初度兮，肇锡余以嘉名：名余曰正则兮，字余曰灵均。

"高阳"是五帝之一的颛顼，"苗裔"就是后代，首句意思就是说：我是五帝之一颛顼的后代。第二句"皇考"就是死去的父亲，"朕皇考曰伯庸"，就是说我的父亲名字叫伯庸。第三、四句，说的就是出生的日期，"摄提"即指太岁在寅，是纪年，"孟陬"即为正月，"庚寅"则是日期。这里涉及的是古人的纪年纪日法，我们不详细展开说，简单来说，它要表达的就是屈原出生于一个很好的日子。后面四句，说父亲给我取了一个"嘉名"，"锡"就是"赐"的意思。《离骚》的开篇和我们所引的那篇东西，要讲的内容确实大体相似，但两者之间的差距，不啻天壤之别。《楚辞》的浪漫想象、丰赡藻饰，以及它那种"美人香草"的寄托笔法，是我们后世诗歌的重要源头之一啊！而那篇莫名其妙的"我爹是李刚"，真是粗鄙至极。这个时候我们会发现，读诗词好像不是内容最重要，或者说不是它在讲什么最重要，更重要的似乎是它的语言本身，是它怎么讲。也就是说，语言文字本身所传递出来的美感，是古典诗词留给我们第一个最直观、最重要的财富。

我们现在已经是读图时代了，读图时代的人们，语言愈发苍白，大家的词汇相对贫乏。看到漂亮的风景，就只会说："美呀，美呀，好美呀！"不知道怎么形容了。最多加一句："有图有真相！"如果要感慨时间过得太快、自己的青春似乎一下就消逝了，也只会用小学时学到的几个成语，什么白驹过隙啊、时光荏苒啊之类的，浑然忘却了古人留给我们那么多美丽的诗句。古人用优美的诗句唱出了他们对时光流逝的感叹之歌："闲云潭影日悠悠，物换星移几度秋""年年岁岁花相似，岁岁年年人不同""流光容易把人抛，红了樱桃，绿了芭蕉"……真的可以说，图像其实限制了我们的想象，我们的审美想象力被具体的色彩、线条、光影所固定。当我们回头再来仔细地品读文字，感受诗词给我们开辟的新境界、新空间时，我们本应有的审美想象力，才可能得到培养和扩展。语言文字其实能给我们打开一个丰富的、充满各种可能性的空间。但是，许多时候，人们放弃了它。

那么，这些美好的语言，除了本身的优美、渊雅之外，还给了我们什么呢？我们再来看一首小诗，《辛夷坞》：

木末芙蓉花，山中发红萼。涧户寂无人，纷纷开且落。

这首诗是大家非常熟悉的诗人——也是盛唐诗坛的代

表——王维所作。王维出生于公元701年（一说699年，学界尚有争议），他不但会写诗，还精于禅理，擅长绘画、音乐、舞蹈等各门艺术。在他身上，我们能够感受到所谓的"盛唐气象"，一种积极的、浪漫的、浓郁的、壮大的、明净的情思在他的作品中弥漫。他的诗歌创作非常丰富，除了我们常说的山水田园诗之外，他还创作了不少边塞、宫廷、送别等各类题材的作品；诗歌体裁也很多样，像五绝、七绝、五律、七律以及其他古体诗，都有不少。特别是七律，在与他同时期的诗人中，还很少有人创作，但王维已经有不同风格的七律十余首。与他并称的孟浩然，目前来看，一首谨严的七律也没有留存下来。总之，这个诗人可以说是盛唐诗坛的中心人物。王维的母亲姓崔，是一个佛教徒，所以他从小就接受佛教熏陶，后来他的诗歌中也多有禅意显现，被人誉为"诗佛"。王维在终南山下，有一个别业，就是"终南别业"。这个"终南别业"，有学者认为就是所谓的"辋川别业"。辋川有不同的景点，王维和他的好朋友裴迪，曾经就里面的各种景点，同题共作绝句各二十首，合集在一起为《辋川集》。

　　我们读到的这首《辛夷坞》，就是《辋川集》里的一首。这个地方因为开满了辛夷花，所以就叫"辛夷坞"。

这是一首五绝，非常简单，既不用典，也没有华丽的辞藻，但读后给人一种非常宁静、非常有生机的感觉。"木末芙蓉花"，所谓"木末"就是树梢头，树梢头开满了"芙蓉花"。芙蓉，这里就是指辛夷花了。下一句说"山中发红萼"，它在这山涧之中，开出了红色的花瓣。他用了一个"发"字，渲染出热烈绚烂的气息。第三句特别有王维诗的味道——"涧户寂无人"。

我们读王维的诗会发现，王维的作品中，非常喜欢将人排除在外，比如"空山新雨后""夜静春山空""空山不见人""古木无人径"等，都强调人是缺席的。但是，非常有意思的是，怎么来表现这个"空"呢？怎么来表现"无人"呢？他又必须通过各种各样的声响来表现，有时还要通过"有人"来表现"无人"。比如"空山不见人，但闻人语响"，这个"空山"没有人，是通过只听到人的声音来表达的。这种诗歌表达方式，显然和佛教中的"空""色"观念相关。所谓"空即是色，色即是空"，"空"不是"无"，不是一无所有，这个"空"是以"色"来体现的，"空"和"色"是相辅相成的，没有"色"就无所谓"空"，同样，没有"空"也就无所谓"色"。王维的诗中有禅意，常常是因为它内摄着这样的思想。

我们再回头来说这句"涧户寂无人"。王维强调辛夷花开落的环境是没有人的。这种没有人的环境不是死寂的,恰恰相反,这里面充满了生命的活力,辛夷花"纷纷开且落"。它非常具有画面感。在这幅画面当中,我们看它描绘的好像只是一个静态的东西,就是树梢开着花在那里,但是"纷纷开且落",它开了又落了,这个开和落不是一个动作的完成,而是一个动作的循环,开了落,落了还将开。这种动作的循环,意味着什么?是自然的永恒,是自然生生不息的运动,这个运动是不需要人去参与的,人似乎是他者,只是在观察。然而同时,我们读到这里时,会有非常强烈的联想,"我"作为人,是不是也是自然的一部分?人在自然中是一个什么角色?王维在提示"寂无人"时,读者恰恰会将自己放入这个无人的画境之中去。所以,古人说这首诗,会让人"身世两忘,万念俱寂"。如此美好的大自然,它不会因为人的缺席而失去活力,它没有枯寂之感,有的全是生命的永恒、自然的美好。读者会因为这种静谧的画面,而获得身心的愉悦,心无挂碍,超然物外。如此简单的语言,短短二十个字,便创造了一个崭新的、远离喧嚣的世界。这个世界是可以成为我们心灵休憩的场所的,它给予了读者澄净明亮的审美意境。这是经典的诗词能够给予我们的又一份礼物——心灵的栖息地。

此外，诗词也会带给我们一些特别的乐趣，我们可以从中寻找到游戏的快乐和愉悦。我们看下面这首作品，这是一首七言绝句，不知道大家能够读出来吗？

它所呈现的形式和我们平常所阅读的诗歌作品完全不一样。它不是直接把要讲的东西呈现出来，而是充分利用了汉字的一些特性，把会意用在了诗句的组合中。它依靠书写字形的大小、粗细、长短，乃至排列疏密、笔画增损、位置高低，或者正反、颠倒、拆借、变形等方法形成一定的意义表达。我读第一句，大家可以试着解读后面几句。这个"亭"字写得很长，所以就叫"长亭"，这个"景"字呢，写得很短，就叫"短景"。长亭短景，后面是一个"画"字，这个繁体字的"畫"，它下面是一个"人"，而这里缺了这两笔，所以是"无人画"，连起来，第一句便是："长亭短景无人画。"

后面一句是什么？大老？老大？还是什么？我们看，这个"老"字写得很大，所以是"老大"，这里指年龄较大的人。"拖"字是横着写的，所以是"横拖"。后面这个字是一个"笻"，但这个"笻"字写得特别细长，所以叫"瘦竹笻"，连在一起便是"老大横拖瘦竹笻"。

第三句呢？有人说是"反首"，在古典诗词中，"反首"毫无美感，有个词叫"回首"，你看，就美多了吧？虽然动作都是一样的，但是给人的美感是不一样的。这让我想起北京大学中文系的老教授林庚先生，他有一篇文章叫《说"木叶"》。在这篇文章中，林先生就指出，"木叶"从现实意义来说，就是指我们看到的树叶，但是"木叶"比"树叶"要美，就是因为这个词语。"木叶"在艺术世界中，还可以引起人们很多的联想，有《楚辞》"洞庭波兮木叶下"的经典语源，也有日常生活中"木"带给我们的颜色、质感，"木"与"树"在概念上相差无几，在艺术上却相差万里。所以，同学们应该更留意文字背后的美感。继续看，"雲"字被截断，所以是"断云"；"暮"字下的"日"是斜着的，所以是"斜日暮"。第三句便是"回首断云斜日暮"。

最后一句呢？有人说是"弯江""斜江"，也有人说是

"曲江"，一比较，显然是"曲江"更好。"蘸"字倒写，所以是"倒蘸"。"峰"字的"山"旁侧写，所以是"侧山峰"这一句便是"曲江倒蘸侧山峰"。

这一首作品，从形式上就和我们平时读的诗完全不同，人们的审美愉悦，是在它独特的形式当中获得的。诗人在写这首诗的时候，也不是要描绘一个画面，或者传递什么感情，他就是写着好玩。所以诗歌在古人那里，也可以是一个智力的游戏。这种诗，被称作"神智体"。传说它的作者，就是宋代著名的文学家苏东坡。说是"传说"，也就是不确定的。在苏轼的诗集中我们找不到这首作品，但苏轼这个人不但学问好，有才华，而且很喜欢开玩笑，有谐趣，所以把这样的作品归入苏轼名下，倒也情有可原。

还有一首作品，传说也是苏东坡的，它这样写：

这是一首七言绝句。我们知道一首七言绝句总共是28个字，而这幅图里只有14个字。那么，它要组成一首七绝的话，怎么办？只能每个字用两

连环诗

次。但是怎么个用法呢？这首七绝，你要怎么才能把它读出来？

"如飞酒力微醒时已暮赏花归去马"，14个字，怎么把它组成一首28个字的七言绝句呢？七绝四句，一般是第一句、第二句和第四句这三句押韵，如果我们能从这14个字中找到3个押韵的字，那么就可以确定这首诗的韵脚了。韵脚一确定，诗也就能读出来了。

我们会发现，这14个字中，飞、微、归三个字是押韵的，可以将它们作为韵脚试试。然后以这三个字为断，逆时针数七个字出来，便有"赏花归去马如飞""去马如飞酒力微""醒时已暮赏花归"三个句子，再琢磨这三个句子的组合方式，以此类推，我们会找到另一句不押韵的"酒力微醒时已暮"。根据七绝的基本要求，第三句是不押韵的。所以，整首诗便是："赏花归去马如飞，去马如飞酒力微。酒力微醒时已暮，醒时已暮赏花归。"一首音调流畅、情韵盎然的七绝就出来了。有趣吗？我们中国的文字就是如此的奇妙。

所以在古人那里，创作诗词的时候不只是说我内心有什么感想我要表达出来，表达情感当然是一个很重要的功用，所谓"诗缘情而绮靡"嘛。但是，诗歌对于我们的古人来说，它还有更多丰富的东西，文字本身所能带来的智力的优游感，也是其一。

以上当然都不是最重要的。最重要的是什么？我们前面一直在强调语言、文字、形式的重要性，但是，我们并不是要否认内容、思想和情感。恰恰相反，这里我想更进一步说的，就是诗歌中包蕴的思想情感带给读者心灵的冲击力。

我们看这首作品，题《又呈吴郎》：

堂前扑枣任西邻，无食无儿一妇人。
不为困穷宁有此？只缘恐惧转须亲。
即防远客虽多事，便插疏篱却甚真。
已诉征求贫到骨，正思戎马泪盈巾。

这是杜甫的一首七律。杜甫有许多经典佳作，这首诗算不得杜诗中脍炙人口的作品，但是却非常值得品味。

中国几千年的诗歌史，涌现了众多的优秀诗人，可谓繁星在天，璀璨耀眼。我们可以罗列出一长串名单，比如屈（原）宋（玉）、陶（渊明）谢（灵运）、李（白）杜（甫）、元（稹）白（居易）、韩（愈）孟（郊）、欧（阳修)梅(尧臣)、苏(轼)黄(庭坚)、陆(游)杨(万里)等。这样的诗歌大家,个个都是诗艺高超、影响深远的一流诗人。但是,如果让你只能选一个作为中国诗歌的代表,你会选谁?我会毫不犹豫地选择杜甫。也许有很多人会选李白,李白确实代表了中国诗的高度,李白的那种豪放、那种飘逸,以及用最简单的语言表现出来的感动人心的力量,都是他人难以企及的。不过李白的诗,总体风格相对单一,情感表达也较为直白,以至于清人说"百首以上易厌",意思是李白的诗读多了,读了一百首就容易让人产生厌倦之感。但是杜甫呢,"十首以下难入",读不到十首,是无法体会杜甫诗歌的好处的。杜甫的诗可以说代表了中国诗的深度与广度。所以,古人也称杜甫的诗歌"集大成"。

元稹在为杜甫撰写墓志铭时,写道:"至于子美,盖所谓上薄风骚,下该沈宋,古傍苏李,气吞曹刘,掩颜谢之孤高,杂徐庾之流丽,尽得古今之体势,而兼人人之所独专矣。"意思是,杜甫的诗上可以靠近《诗经》《楚辞》,下则包容了沈佺期、宋之问,它的古朴可追配苏武、李陵之作,它的气势又胜过了曹植和刘桢;杜诗不但有颜延之、谢灵运的孤高,还有徐陵、庾信的流丽。总之,他之前的诗人，每个人都有长处，而杜甫则把他们每个人的诗艺之长，兼采并包，集于大成了。

杜诗"沉郁顿挫"，用炉火纯青的技巧，表达深沉浓烈的情感。杜甫诗中的情感是受到理性控制的，不是李白式的一泻而下，而是被抑制于内心，从而产生回环跌宕的力量。激烈的情感一旦受到了一定的抑制，它所产生的力量往往比宣泄式的迸发更具冲击力。杜甫的诗又被誉为"诗史"，因为它忠实反映出那个时代波澜壮阔的历史画卷，而他也被誉为"诗圣"。我们知道王维是"诗佛"，李白是"诗仙"，佛属释家，仙属道家，而这个"圣"呢？它就是儒家。儒释道三教合流是中国文化中的重要现象。而杜甫，主要就是继承了儒家思想。圣，不是什么人都能当的。我们称杜甫为"诗圣"，一方面当然是因为他诗歌艺术的登峰造极，但更重要的一方面，是他诗歌中所体现出来的儒者情怀。这种儒者情怀，用一个字表达，就是所谓的"仁"。仁是儒家思想的核心概念之一。总而言之，可以说在中国古人身上可能有的最重要、最深刻，乃至最沉重的东西，在杜甫的诗里都有体现。

上面拉拉杂杂说了这么多文学史上对杜甫的各种评价，这都不是重点。我们还是再回头来看作品，看这首

《又呈吴郎》所蕴含的以上所讲的"诗圣"的仁者情怀。

大历二年（公元767年）秋天，杜甫在夔州居住，一位姓吴的朋友来到这里暂居，他便把城西的草堂借给这位朋友。杜甫先写了一首《简吴郎司法》：

有客乘舸自忠州，遣骑安置瀼西头。
古堂本买藉疏豁，借汝迁居停宴游。
云石荧荧高叶曙，风江飒飒乱帆秋。
却为姻娅过逢地，许坐曾轩数散愁。

我们这里不细讲这首作品，大体的意思就是把瀼西草堂借给吴郎住了。因为有了前面这首《简吴郎司法》，所以再写诗给吴郎时，便叫《又呈吴郎》。

杜甫的西瀼草堂边上，住了一位老太太，这个老太太以前经常来打他们家的枣子，杜甫一直任由她去打，但是吴郎住到这里之后，却有点防着这个老太太，在枣树周边插上了篱笆，以保护枣子不被扑打。杜甫知道这件事情后，就特意写了这首作品给吴郎。

第一联说"堂前扑枣任西邻，无食无儿一妇人"，开篇就告诉吴郎，说西边那个邻居来扑打枣子，是不必去管她的，任她去扑。为什么？因为她是"无食无儿一妇人"，那个老太太既没有吃的，也没有子女，没有丈夫，是一个孤寡老人。

第二联"不为困穷宁有此？只缘恐惧转须亲"，杜甫和吴郎说，如果她不是穷困到无法容忍的程度，她怎么会来打我们家的枣呢？这句话已经非常明白地显露出杜甫善于体味人情的一面了。下一句则更能见出杜甫关爱老妇人的心情，她来扑枣，她的内心肯定也充满了恐惧，害怕我们去责备她，所以我们应该对她更亲切一点，让她能够放下担心来扑打我们家的枣子。一般的人，把话说到这个分上，已经很难得了。但是杜甫还有话要说，他的仁爱之心，不是为了满足自己的一种道德虚荣感，而是真切地希望大家能相处愉快，能真正帮助老妇人。所以，他在为老妇人说话的同时，还同时照顾吴郎的心情。

于是，第三联杜甫说"即防远客虽多事"，意思是老太太对你吴郎有点提防，这是她"多事"了，但是你呢，"便插疏篱却甚真"，你插上了一些篱笆，好像真的要防着她一样，"却甚真"，就是其实不是真的。杜甫这种委曲人情的敦厚之风，在诗歌当中表现得非常充分。

诗的最后说"已诉征求贫到骨，正思戎马泪盈巾"，

"征求"不是现在说"征求意见"的"征求",这个"征求"就是苛捐杂税、横征暴敛。杜甫说老妇人已经告诉他,因为官府的横征暴敛,她一无所有了,"到骨"即形容程度之深。杜甫听闻之后,更知此乃"戎马"所致,即战乱所致。从一个老太太说起,最后杜甫将诗思引向了哪里呢?引向了更广大的民众,真有为天下苍生落泪之感!

这首《又呈吴郎》没有华丽的辞藻,没有精致的典故,也没有讲究的技巧,就是平平淡淡地叙述,但是它所体现出来的那种力量,真正让我们感受到了什么叫作"温柔敦厚,诗之教也",什么叫作"仁者爱人"。一个无亲无故的老太太,杜甫对她没有任何责任,也没有任何利益关系,但杜甫却如此去关心她。这不是因为老太太多可怜,而是因为杜甫太伟大。"圣"所包涵的意义,正在于这种民胞物与的淑世精神,这种任真任情的恻隐之心。

清代撰著《杜诗详注》的仇兆鳌说,这首诗"是直写真情至性,唐人无此格调,然语淡而意厚,蔼然仁者痌瘝一体之心,真得三百篇神理者。"这不是杜诗中的孤例,类似的表现仁者情怀的作品,在杜甫诗中还有很多。这个诗人,在自己流离失所、食不果腹的时候,还在写"安得广厦千万间,大庇天下寒士俱欢颜",还在写"戎马不如归马逸，千家今有百家存"，这是发自内心的一种力量，足以让杜诗彪炳史册。

清代有一个很著名的学者，也是诗人，叫袁枚，他在《随园诗话》中曾经讲过一段话："人必先有芬芳悱恻之怀，而后有沉郁顿挫之作。人但知少陵每饭不忘君，而不知其于友朋、弟妹、夫妻、儿女间，何在不一往情深耶！"什么意思呢？就是说你有了一种大爱之后，你有了一种淑世情怀之后，你才可能写出这样的作品。我们常常强调杜甫的忠君，实则杜甫不只是对皇帝、对朝廷，表现出一份难得的责任之心，更重要的是他对人间的一切美好事物，都有这份仁爱。这种仁爱，是一种大爱，不是为一己私利而考虑。

总而言之，杜甫的作品之所以这么动人，不仅仅是因为他的词句锻炼到了登峰造极的程度，更重要的是他的作品承载了这样一种仁爱的思想，这样一种博大的情怀。而这种情怀是我们中国古人的优秀诗词当中一直都有的。

我们再回到最开始的问题："读诗词时，我们在读什么？"首先，我们读到的是淬炼了上千年的精致的语言，语言形式本身的美，会给我们带来审美的愉悦。其次，诗词为我们开辟了新的空间，它可以成为我们诗意栖居在大地上的方式。最后,古典诗词也是我们回望民族伟大人物的载体,这些伟大的诗人身上,聚集了许多宝贵的品质,体味他们的才识胸襟,会让我们的精神世界得到升华。

当然,这里还必须提到一点,这些作品,我们怎么才能够读到它的美,读到它的真,读到它的善呢,这又取决于我们每一个读者自己,你的知识、你的经历、你的情感、你的故事、你的情怀都可能影响你对作品的理解。文学理论中有所谓的"合格的读者"一说,你需要具备一些质素,才可能去理解伟大的作品。甚至可以说,读者自己首先要有一颗愿意被它们打动的心,才能感受到作品的伟大。所以,最后我要讲,我们在读古典诗词的时候,其实是在读我们自己。

处理差异的能力是新时代爱的核心能力

沈奕斐

复旦大学　社会学系

我要与大家分享的主题是"爱情",先讲一个我自己的爱情故事吧。

我是在复旦谈恋爱的,我先生是我复旦本科的同学,我们俩谈恋爱的时候,一起去逛街,走着走着我就问我先生:"你口渴吗?"

我先生说:"我不口渴。"

过了一会儿,我再问他:"你口渴吧?"

他说:"我不口渴。"

到第三次的时候,我已经很生气了,我说:"你口渴吧?!"

他说:"我都跟你说过三次我不口渴,你听不懂啊。"

我特别生气,就说:"你一点都不爱我,你和我一起逛街,走在路上根本就没有关注过我,你都是在看别的姑娘，我要跟你分手！"

我先生特别奇怪地说："你问我口渴不渴，我告诉你我不口渴，我犯了什么错误？你就说我不爱你了？"

于是，我们在大街上吵了一架。这样的争吵，我相信很多情侣都有。

我们女性如果听到逛街的朋友问："你口渴吗？"马上会意识到，可能是对方口渴了。但是很多男性不会有这样的反应，而且他们会很奇怪，你为什么不直接说你口渴了要喝水呢？我们当然不会说，因为很多女性都认为：我什么都不说，但你却知道我想要什么，那才是爱我的表现，说出来就没有意思了。但是，男性没有这样的想法。

这常常被归结为两性差异。的确是的，在漫长的人类文化里面，两性的社会化是不同的。男性被要求直截了当地表达他的要求,如果男性很委婉地讲了半天要个什么东西,我们会觉得他娘娘腔;而女性经常被要求非常委婉地表达,女性如果说"我要,我要",会被认为没有"女人味"。

所以,很多人悲观地认为:"男人来自金星,女人来自火星,说的都不是同一种语言,无法交流,所以,爱情不能长久,两性总有冲突。"

真的是这样的吗?

我们来聊聊两性差异和爱情的关系。

一、两性之间差异真的那么大吗?

很多人认为今天爱情之所以越来越难,是因为两性差异太大,无法达成一致,所以,两性常常走向对立。那么事实真的是这样的吗?我们需要具体来分析,什么是性别差异。

学术上把性别差异分为两类,一类是 sex 的差别,我们翻译为生理性别的差异,另一类是 gender 的差异,我们翻译为社会性别的差异。虽然,受后现代主义的影响,这两类差异的二元对立属性也受到了挑战,但是,为了能比较清楚地讨论这一问题，此文依然沿用这两种分类。

什么是生理性别的差异？非常简单，就是在生理上存在的差异，比如染色体、荷尔蒙、生殖器官、第二性征等的不同，都是生理差异。此外，还有生理上的两性概率差异，比如男性平均身高高于女性，男性力量大于女性等。比较普遍的结论是，男女两性在生理上的差异没有想象中那么多。

比较有争议的是男女两性在脑部到底有没有差异。就目前最新的研究来看，科学家们几乎没有发现男女两性在大脑上有重大的性别差异。我们能看到的是，如果女性更多地重复家务类的活动，那么她脑中负责家务活动的部分会更活跃一点。而男性如果从事另外的工作，他在相应的一块就更活跃一点。但如果两个小孩子公平地成长，从事同样的事情，男女两性在脑部是没有差异的。

但是，媒体上依然会充斥各种两性脑部差异的文章。认知神经学家吉娜·里彭（Gina Rippon）2019年在《被性别化的大脑》一书中指出，在大脑神经领域，性别差异性研究历来充斥着科学无知、错误解读、发表偏倚、统计功效差、控制不恰当和其他更严重的问题，这些性别相关大脑差异的研究结论全都站不住脚，不是因为大脑有差异才有性别化的文化,而是"一个性别化的世界会孕育出性别化的大脑"。这一观点与安吉拉·萨伊尼(Angela Saini)、科迪莉亚·法恩(Cordelia Fine)和莉丝·埃利奥特(Lise Eliot)等的观点是一致的。

否认两性的脑部差异,并不是要否认男女两个性别的区别,而是在反思日常生活中我们认为的男女两性差异,比如女性更温柔,男性更刚强;女性更感性,男性更理性;男性更有大局观,女性更细致……这些差异是真实存在的吗?

这就涉及了第二类差异,社会性别的差异,也就是说,文化建构的差异。

1993年,美国学者通过调查发现,在性别文化中存在着相互对立的刻板的两性气质印象。

刻板的两性气质

男性气质 / 主体	女性气质 / 客体
认知主体 / 自我 / 独立性 / 主动性 主体性 / 理性 / 事实 / 逻辑 / 阳刚 / 秩序 / 确定性 / 可预见性 / 控制性 精神 / 抽象 / 突变性 / 自由 / 智力 / 文化 / 文明 / 掠夺性 / 生产 / 公众性	认知客体 / 他者 / 依赖性 / 被动性 客体性 / 情感 / 价值 / 非逻辑 / 阴柔无序 / 模糊性 / 不可预见性 / 服从性 肉体 / 具体 / 连续性 / 必然 / 体力 / 自然 / 原始 / 被掠夺性 / 生殖 / 私人性

这些刻板印象如此普遍，以至于人们认为这是两性天生的不同。但是各种研究发现，这些不同并没有生理差异的支持，比如我们找不到什么生理特征决定了女性更温柔或者男性更理性。所以，产生了一个新的词汇gender，翻译为社会性别。

社会性别理论强调个体的性别规范、性别角色和性别气质都是由文化建构的，文化确定了个体社会地位、角色、服装装饰、行为等作为性别身份存在的标志。换句话说，每个人的性别是一种文化属性，你所表现出来的男性气质、女性气质或者行为其实都受到文化影响，是文化分配给你的。比如说男生的坐姿跟女生的坐姿是不一样的。男生的坐姿，膝盖可以分得很开，女生的坐姿就必须并拢膝盖。为什么会有这个区别呢？是因为社会行为规范认为女性张开腿坐是不优雅的，所以会规范女性的行为。

社会性别并不否认性别差异，但是它强调很多差异并不是天生的，而是日常的文化规训了这样的男女两性的不同。这也就意味着性别文化本身是可以改变的，个体也可以跳出不符合自己需求和实际情况的性别气质、性别规范或性别角色。

而在今天，男性和女性，在新时代的新脚本下，其实是在逐渐趋同，而不是变得差异更大。从性别气质上而言，女性也需要勇敢，男性也应该温柔，女性也可以很飒爽，男性也可以很柔情。从性别角色和行为规范上而言，所有男性能做的工作，女性也都能做了，比如消防员、大型牵引车司机等，每个职业都很重要，任何一种性别参与的任何一个职业，都应该被尊重并得到欣赏。而社会也普遍认为家务活不只属于女性，男性在家庭中不应该坐等着被照顾，他们也应该分担做饭、照顾孩子等职责。

我们回到刻板印象的表格，你会发现相较二十年前，人们对于这些刻板印象是有很多反思的，今天的男性和女性已经很难直接和这些刻板印象一一对应。随着社会的发展，两性之间的刻板印象在不断地被解构。今天社会已经不再把理性、主动等特征归结为男性气质，把情感、服从等归结为女性气质，公私领域的划分不再和性别直接关联，女性在公共领域的发展已经势不可挡，而男性也被鼓励要有更多的情感表达。

所以，今天爱情之所以难的问题，显然不是由两性之间的差异变大导致的，因为两性之间的差异实际上是在变小，而不是变大。

那么，为什么我们在日常生活中却觉得两性之间的差异在变大，很难遇到"三观一致"的伴侣呢？

虽然两性之间的差异在变小，但是，我们发现个体之间的背景差异却在变大。

过去，人们的流动性小，所以，生活的直径也小，遇到的人常常有相同的文化背景。但由于现在交通的发达，人们的生活直径已经没有界限，一天之内就可以从地球的这一头跑到那一头，这也就意味着个体会遇到地域、文化截然不同的人，很多时候，这些不同文化的人很吸引我们，但同时也增加了差异的冲突。

除了地域，代际的差异也在增加。社会发展日新月异，技术也快速迭代，使得我们的观念从过去二十年一代人缩短到了十年一代人、五年一代人，不同代际的人对于同一事情的理解可能是截然不同的。所以，因为年龄带来的个体差异也在增加。

此外，教育、民族、阶层等个体的背景差异也都在变大。所以，个体和个体之间的差异实际在变大，而不是变小，具体到两个人进入亲密关系的时候，这些差异就显现出来了。

因此，在爱情中，我们感受到的差异变大，其实并不是两性的差异变大，而是个体和个体的差异变大，而且更多的是因为文化建构的差异，而非两性本身生理的差异。所以，爱情中很多因为差异导致的冲突是完全有空间进行调整和处理的，这也是爱情带给个体成长的地方。

今天，我们之所以要讲社会性别，就是因为社会性别的理念给了我们男女关系改变的可能性。如果男女的差异是天生的，那我们就没办法改变。但社会性别告诉我们，其实我们的很多行为都是在文化的建构下产生的，而我们也有能力发挥主观能动性去反思这种文化，进而改变这种文化。文化和经济发展比较，经常具有滞后性，个体的理性就是反思这种滞后性，从而作出更符合真实需求的选择。

二、越是亲密，越不能容忍差异

在传统社会，家庭存在的目的是为了"传宗接代"，个人发展的目的是为了"光宗耀祖"，社会文化是以"家庭主义"为基础的，家庭是社会的最小单位，无论是生产还是管理，家庭完全能代表个体，家庭利益也高于个人利益。我们研究农业社会、乡土中国、官宦发展等，都得出了这样的结论。在这样的文化中，个体和个体也同样存在差异，但是这种差异并不被重视，个体压抑自身需求，满足家庭和社会的需求被看作是天经地义的。虽然，也有少数群体不满于这种文化，但是绝大部分的人把"家庭主义"看作是天经地义，认为个体追求的幸福也是和大家庭的荣耀紧密相关的。

但是，当社会从农业社会发展到工业社会再到信息社会，原来的"家庭主义"就很难存在，每个个体的贡献在市场上都能被明确地计算出来，市场经济的发展也需要个体更自由地流动，个体的权益和个体的需求变成了更为"合理"的需求，家庭在这一发展过程中，成了个体发展的基础，而不再是目标。今天，大家结婚是为了"个人幸福"，而不是为了家庭利益；个体的发展也是为了个人的生活质量，而不是服务于一个群体。在这一变迁的过程，个体和个体的匹配就变成了更重要的议题。

在传统社会，个体是服务于群体的，因此，个体需要满足群体赋予个体的角色，比如，男性如何做好儿子、丈夫、父亲的角色，女性如何做好女儿、妻子、母亲的角色。因此在传统社会，冲突主要来源于个体和角色之间的差异，比如一个不那么擅长手工的女性可能因为做不好女红而苦恼，而一个性格温柔的男性可能因为扮演不好严父而被指责。所以，在家庭主义的文化中，个人和角色的冲突是最主要的问题，这也是"三从四德"等一系列教导女性如何成为妻子、母亲的书籍问世的原因，本质上是让个体符合角色的努力。

但是在现代社会，在一个"个体化"的时代，当家庭利益不再高于个体利益的时候，当家庭变成个体幸福的途径之一的时候，人们发现很多的刻板角色并不能带来幸福，所以，人们不再有动力去符合角色，而是开始根据自己的需求和特征去重塑角色。什么是好妻子？什么是好丈夫？每个人都有自己的一套理解，不再存在一个统一的标准。因此，在个体化的时代，主要的问题是个体和个体之间的问题，而不仅仅是个体和角色之间的问题。

当亲密关系中的个体背景差异很大的时候，冲突自然就发生了。那么是不是个体背景相似，就不会有冲突呢？研究发现也不是这样。

除了个体和个体之间的背景差异，还有一个差异也逐渐显现了出来，那就是亲密关系的双方对性别气质和性别角色的期望和现实之间的差异也变大了。

前面谈到随着社会的发展，两性之间的差异是变小的，很多刻板印象都已经很难成立了，女性并不觉得温柔一定比刚强更合适自己，而男性也并不见得觉得自己一定要很主动。但是文化本身有滞后性，自己虽然改变了，但对他人的期望依然是遵循刻板印象的。比如说，在爱情中，女性依然希望男性是理性的、阳刚的、主动的、逻辑性强的，还能挣钱，而男性也依然希望女性是感性的、温柔的、服从的、愿意牺牲的，还不爱钱，爱干家务的。期望依然停在过去的刻板印象中，而现实是自己已经做不到刻板印象的要求了，两性之间过去所达成的平衡，在今天被期望和现实之间的鸿沟所打破。

甚至双标的群体越来越多。比如大家都很讨厌"直男癌"或"田园女权"，批评他们"只要权利不要责任"。其实背后就是我们对他人的期望保留在有利于自己的刻板印象中，而自己的发展抛掉了不利于自己的刻板印象，甚至，我们既想要原来刻板印象中有利于自己的地方，又想要新的改变中有利于自己的地方。比如"直男癌"既想要现代女性相对独立，不再完全依赖男性养她，又觉得女性应该是感性、温柔，愿意全心全意地为家庭服务。他认为这就是天经地义的，女人就应该这样，但他自己又不见得能达到传统男性的标准，能做到挣钱养家。所以他对别人的要求很高，对自己的要求很低。"直男癌"不仅双标，而且还永远不知道女性的想法，不知道女性为什么生气，但他从不认为自己需要向女性学习，总是把问题归结于"女人很作"，用居高临下的态度回避去了解女性。

而男性讨厌的"田园女权"同样也是如此双标，她们既希望现代男性尊重女性，支持女性的发展，又能挣钱养家，而自己却可以既不承担传统女性的家庭责任，也不承担现代女性的经济自立。这种双标实际上是因为个体对自己的性别气质和性别规范的期望和对他人的期望是不一致的，现实和期望之间差异很大。

亲密关系中个体和个体之间的差异增大、期望和实际之间的差异增大，恰恰就是现代爱情中两性关系越来越难处理的原因之一。所谓三观不合就是只要你和我不一样，你就是有问题的，每个人都想改变对方，但是却想要坚持自我。

这就是为什么大家觉得现代爱情变得更难是因为两性之间差异变大，实际上两性之间的差异是在变小的，而个体的差异、现实和期望的差异变大才是问题所在。所以，如何处理差异就成了经营长期爱情关系的核心。

人和人之间都有差异，也会有各种关系，之所以差异在亲密关系中起的作用更大，是因为关系越是亲密就越不能容忍差异。

　　那为什么在亲密关系中，我们很多时候不能容忍差异呢，会更加追求一致性呢？

　　首先，相爱的两个人存在共同利益。比如说一个普通朋友穿着比较奇怪，跟你站在一起，你会觉得无所谓，但是如果是你男朋友或者你老公穿得很奇怪，你就会担心别人质疑你的审美，或者卫生情况，甚至认为你"相夫教子做得不够好"，从而产生"丢脸"的担心。这个时候，你就很难不出手干涉了。当两个人成为利益共同体的时候，追求一致就变成刚需了。

　　其次，在亲密关系中常常需要保持行动的一致性。比如说过去看电影，对方喜欢看恐怖片，你喜欢看爱情片，如果不是恋爱，那你们可以各自找同口味的朋友们，各看各的。现在，恋爱了，总不能一起去看电影的时候，你进 a 影厅，他进 b 影厅吧，所以就不得不行动一致。行动一致的需求就要求我们不得不去处理差异。

　　最后，我们越是爱一个人，就越是想要为他好，希望他更好。所以，当我们认为是正确的事情，我们就会希望对方不要走歪了；我们认为好的东西，会希望对方也能享受到；我们认为可怕的事情，就一定要让对方避开。这种齐克·祖宾提出的爱情中的"联盟"和"帮助你"的倾向，也必然使我们对差异的容忍度变小。

所以关系越亲密，很多时候反倒让我们越不能容忍差异。因为我们有共同利益，我们要行动一致，我们要朝夕相处变得更好。所以一方面，虽然爱让协商的空间变大，但另外一方面，恰恰是关系越亲密，越不能容忍差异。

我们常常有这样一种观点，认为如果对方很爱我们，就会为我们改变，所以往往把对方对我们的改变看作是爱的表现。这种观点有其合理之处，正是因为很相爱，所以，我们才愿意去为对方改变，去协商双方怎么找到好的模式。但是，这个观点也有误导的成分，因为有时候恰恰是因为你很爱对方，所以，你就特别希望改变对方，而这种改变不见得是对方愿意的。当对方不认同这种改变的时候，冲突就加剧了。

所以，今天我们讨论两性经营亲密关系的时候，处理差异的能力就成了维持爱的能力的核心。未来你能不能够去处理这些差异，其实就是你的爱能不能持续下去。

三、把爱情看作是处理差异的成长平台

因为关系越是亲密越不能容忍差异，所以，换个角度来看，作为最重要的亲密关系之一的爱情，就变成了个体处理差异，让自我成长起来的最好平台。

社会性别理论一直在处理差异和平等的关系，这样一种理论体系实际上非常能帮助我们重新认识差异和处理差异。

首先需要反思差异背后的价值判断。

很多人认为两性之间因为差异，必然会出现冲突，但是，社会性别的研究发现，不是差异导致冲突，而是差异背后的价值判断让差异变成一种伤害他人的手段。社会性别理论中有一个很经典的结论：不是差异导致了不平等，而是不平等的价值观让差异显现了出来。为什么这么说呢？

比如说因纽特人看白色的时候，有四十几种词汇去形容白色，而我们的文化中对白色的区分也就六七种不同的形容。为什么我们没有更多的白色词汇，是因为我们的世界没有这么多白色吗？肯定不是的。是因为在我们的文化里，白色并没有太多的价值的判断。可是在因纽特人那面，他们的白色其实是有不同等级的，有些白色更加高级，有些白色很普通。正是因为有不同的等级概念，所以因纽特人才能把不同白色之间的差异如此明晰地表现出来。

同样，人和人有很多很多的差异：我们的耳朵长得不一样，我们的眼睛长得不一样，我们身上的味道不一样，我们的很多行为举止都不一样。但是，耳朵等差异都会被忽略掉，而脸大脸小、肤白肤黑却会被反复提及，因为这两个特征被价值化了，比如脸小等于好看，脸白等于好看。如果没有这样的价值判断，那么脸的大小就会像耳朵的大小一样被忽略掉。

所以，社会性别理论认为，当我们在某一个文化里把某种差异赋予了高价值的时候，或者把某种差异赋予了低价值的时候，这种差异才会显现出来。所以，我们真正要消除的并非是差异，而是差异背后的价值判断。因为导致亲密关系中冲突和伤害的，不是差异本身，而是差异背后的价值判断。

举个例子，复旦的一个学生向我讨教感情的问题：

他说他跟女朋友意见不合，吵架以后，他做了让步，提出了一个妥协的方案，对方也同意了。第二天，他其实非常希望女朋友能够主动体贴，示个弱撒个娇啊，能够顾及他更多的感受。因为他觉得他也没有做错，但之所以他愿意去认错，向女朋友妥协，其实是因为他很爱他女朋友。他这样妥协，是希望得到积极的反馈，想让女朋友体谅他做的让步。

当他把这个需求告诉女朋友的时候，女朋友却说："你太不男人了。你竟然表现出你需要被关心体贴，还需要被安慰，你自己的情绪不应该自己处理吗？"

两个人因此又大吵了一架，差点分手。

其实这本身只是对同一事件的不同解决方案而已，互相已经在让步，可以很好地处理掉。但是双方都有一个没有说出口的价值判断，女孩认为：男人是不需要这种安慰的，男人就应该让步，有矛盾了就应该先道歉，而且不应该在事后还需要补偿，这种想要补偿的行为真的很小家子气。而男孩认为：女性是要主动示弱的，如果不主动示弱，就是不太爱我，就是有问题的。

当我们把两个行为做了价值判断，认为你不够爱我，你不太男人……的时候，冲突就变得很难解决。

所以，处理这个问题的第一步是先把差异背后的价值判断摊开来说，我需要安慰不是男性气质的问题，你示弱不示弱也和爱本身没有关系。

还比如，女性会因为自己的身材特别困扰，我见过太多女性对自己的身材感到不满，她们永远觉得自己太胖了。研究发现，每个人的身体其实有易胖体质和非易胖体质，在不同的年龄段，新陈代谢导致的你身体的胖瘦是不一样的。如果我们对于胖瘦的理解仅仅是大家的体质不一样，那么其实胖一点、瘦一点并不会受到歧视。可是如果你跟胖的人说，你连自己的体重都控制不了，你怎么可能控制生活？当我们把胖这个行为的价值判断跟自律联系起来的时候，就很麻烦了。这时候，胖就会被附加上很多贬义的判断，贪婪、不自控、没有吸引力、不自爱……这个时候，肥胖的女性就会受到歧视，但是她的问题并不在于胖瘦本身，而是在于胖瘦背后所附加的价值观念。如果我们把时间往前推四十年，四十年以前，胖的人才是富态的，才是美的。

我们很难消灭差异，但是反思差异背后的价值观会有效地帮助我们减少冲突，让我们用更欣赏的眼光去看身边的人。

社会性别关于差异带给我自己在处理亲密关系的一个

具体改变就是，我明白一个人其实没有优点缺点，只有特点。有些时候，你在对方身上看到的喜欢的和讨厌的地方，可能是同一个东西。

我跟我先生谈恋爱的时候，我觉得他特别慷慨，我们每次出去吃饭都是他买单的。我们谈恋爱五年，吃饭我就没有掏过钱，他绝对不允许我掏钱，觉得这就是他的义务，我觉得特别好。结果结婚了以后呢，我觉得他特别没有家庭责任感，因为他跟朋友出去吃饭，也都是他买单的。我就说了，我们家经济条件又不是特别好，凭什么都你买单啊，你就不考虑我们的家庭经济条件吗？其实大方对他来讲就是一个特点，他愿意去买单。为什么在婚前是优点？因为这个钱不是我的。为什么婚后变成缺点了？因为这个钱是我们共有的，于是就变成缺点了。所以大方对他来讲不过就是一个特点而已，那为什么会变成缺点呢？因为我对他的价值判断、我的立场变了。

所以其实绝大部分的人没有优点缺点，只有特点，甚至你所爱的某个人的优点，很可能就是后面你所讨厌的他的缺点。比如一个男性很擅长和女性聊天，这个特点发挥在和你交往的时候，是优点，发挥在他和别的女性在一起的时候，就是缺点。反过来，一个男性不善言辞，和你在一起的时候是缺点，和别的女性在一起就变成了优点了。我们很难把一个不善言辞的人改变成一个善于言辞的人，反过来也很难，但是我们可以改变对这个特点的看法，就不会有那么多冲突了。当我们放下价值判断的时候，我们可以看到对方更加真实的一面，看到他的特点。

很多人碰到矛盾、吵架就想分手。但有时候，分手了也没用，因为再换一个人，你依然会遇到另外的特点让你不喜欢。所以，除了你特别不能容忍的几个特点外，学会辩证地看特点是非常重要的经营长期亲密关系的诀窍。

除了反思差异背后的价值判断，我们还可以在爱情中，打开对差异的想象，体会差异的好处。

首先，差异会带来互补。两个人完全一样，就意味着你不想做的事情，对方也不想做。在家庭生活中，虽然我们反对性别刻板印象的分工，但是依然需要分工，不同的工作总要有人来完成。比如，我的一位朋友特别爱干净，喜欢干清洁的工作，但是她的先生却喜欢厨房的工作，喜欢把饮食这件事情变得很复杂。一开始，他们为此发生很多矛盾，但是后来，他们分工明确，一个只负责厨房，一个负责厨房以外的空间，就变得非常和谐，各取所需，相互欣赏。

如果一个爱动一个爱静,那就正好给爱动的人安排一些家庭活动,而爱静的人则可以让家庭有比较稳定的空间。这种互补对家庭是非常重要的,如果能互相欣赏,那么就能促进关系的发展。

其次,差异还能带来视野的扩大,让你的生活变得更加丰富多彩。比如,我出去旅行喜欢提前安排好,按照计划走,但是我先生喜欢临时起意。有一次我们去新疆旅行,本来是要去看一个葡萄园的,但是走在半路上的时候,我先生突然看到有一户人家门户大开,在外面晒葡萄干,一个爷爷带着两个孩子。然后他就突然很有兴趣地跟那个老爷爷打招呼,还要求去他家看看,那老爷爷也很热情,就招呼他进去。

我以前会因为他打破我的计划而焦虑,但是,现在我把旅行看作是两个人在一起的事情,是不是按照计划,没有那么重要,所以,我也就跟进去了。

这是我们第一次走进一个新疆老百姓的家里,看到了跟我们汉族不太一样的生活方式。我看到了他们的居住模式,我是做家庭研究的,我发现他们的居住模式跟我们汉族的核心家庭这种小家庭的模式是很不一样的,带给了我很多的启发。虽然最后只能砍掉了下一个景点,但是这次的随意走入，对旅行体验来说，非常特殊。

所以，当我们换个角度来看差异，不把这种差异看成冲突，而是去接受它的时候，你会发现你的眼界会变大。你会看到你原来绝对不会去体验的人生，我觉得这一点就是差异带来的好处。

最后，差异还能带来不同的解决方案。两个人在面对问题的时候，方法、解决方案都是不一样的。

我还是用我和我先生的旅游经历来举例子。就像刚刚我讲到的，我出去旅游的时候，喜欢每一步都安排好，而我先生不仅喜欢随时随地地停留，还喜欢到一个地方就找当地的朋友来请我们吃饭。很多时候，旅游都是一两个家庭一起，我会觉得特别麻烦别人。而且我每个景点都已经安排好了，在哪里吃饭也都安排好了。他突然间找一个人来请我们吃饭，我又不能指定吃饭的地方，我还得想方设法把这些人全部挪到那个地方去，我经常会觉得很麻烦。所以为这个事情，我们也有过很多的争吵。

然后我们也是用同样的方法把这种差异拿出来讨论。在讨论的时候，我先生就一直问我，为什么你会觉得这样是很打搅别人的？我就跟他讲，如果你有朋友到我们家来吃饭，很多工作都要我做，我要张罗，要给他们做吃的，这就是打搅我的。我先生说，他的想法是：当你到一个地方去，谁都不影响，谁都不打搅的时候，其实你在跟对方散发一个信息，就是说你不要来打搅我。当你到一个地方去打搅别人的时候，其实你也在散发一个信息，就是我愿意跟你建立连接。他说，我们男性为什么事业发展，就是因为我们很乐意去跟别人产生那些连接，这些连接越紧密，我们的人际交往面就越大，我这次去麻烦他了，他下次到上海来，一定会来麻烦我。这样子我们的连接就更紧密了。

我是做性别研究的，经常会讲我们女性在职业发展里面应该怎么向前一步，怎么跟男性去竞争。那天，我突然意识到，因为一直以来，我们女性是待在家庭里的，每一次有人到家里来，都是我们女性承受麻烦，所以我们并没有享受到连接的好处。而男性在外面的连接，我们也没有直接感受到，虽然他挣了钱回来，但我没有直接地感受到这种连接，所以在女性的逻辑里，就会本能地讨厌这种打搅。但是这种讨厌别人打搅的心理，当我们拿到公共领域去的时候，就意味着我们跟别人的连接也相对不那么紧密，因为我们有些事情不愿意去跟一些不那么熟的人讨论，这就使得我们女性跟别人的连接是受到影响的。所以，如果你想在公共领域往前走一步，其实你是需要勇于去麻烦别人，去建立这个连接的。

在这个过程中，我们在解决问题时的不同思路，其实打开了我对更多问题的思考。

所以，当我们打开对差异的想象的时候，差异反过来成了我们促进关系、打开世界的机会。而爱情给了我们这样的实践，让我们不得不去面对和处理差异。

四、总　结

回到一开始的例子，现在的我，每次和老公一起逛街，不再玩猜猜猜的游戏，而是学会了直接表达，这样既减少了冲突，也让我找到了很多肯定对方的机会。

所以，社会性别的视角让我们重新来看待差异，反思差异背后的价值判断，体会差异带来的好处，让差异成为促进关系的机会。虽然这一点不容易，但是却意义重大，非常值得一试。

当我们在爱情中学会怎么处理差异时，你会发现这种能力也会让我们在其他的亲密关系和社会关系中收益。你会在某一天发现自己的思考方式从"他/她怎么可以这样?!"变成了"他/她为什么这样?"不仅情绪能更平和,而且理性能帮助我们更好地处理关系和事情。

我非常喜欢费孝通先生讲到理想社会时的一段话:各美其美,美人之美,美美与共,天下大同。无论是在宏大社会叙事中,还是在微观的情感世界中,这一宗旨我觉得都是非常值得提倡和贯彻的。

祝愿大家都拥有幸福的人生,让爱情成为我们通向幸福的途径之一,让差异变成促进幸福的机会。

政治秩序：人类究竟如何统治自身？[1]

包刚升

复旦大学　国际关系与公共事务学院

1　本文的部分内容曾以《岛屿的寓言：谁之统治？何种秩序？》为题，刊发于2013年9月24日出版的《东方早报》。

一、一个关于岛屿的思想实验

我要跟大家分享的题目是《政治秩序：人类究竟如何统治自身？》。大家都知道，这是一个大问题，接下来我用到的素材，实际上来自我几年前的一篇长文。我的分享，要从一个关于岛屿的思想实验开始。

假如有一种神秘的力量，把我们所有人弃置在太平洋深海的一个岛屿上，这个岛屿可能只有几平方公里，上面有树木、花草、鸟类，还有兽类。同时，我们没有办法跟外界取得联系，我们的手机、网络不再能使用，我们只能够靠自己的力量在这个岛屿上生存下来。

如果出现这样的情况，你觉得，我们首要的问题是什么？我们面临的最紧迫的问题是什么？对此，可以有很多不同的答案。我曾经在别处授课，也提出过这个类似的问题，然后请学员们来分别陈述他们的观点。我把其中一些具有代表性的观点收集在这里。

有人认为，首要的是解决如何分配资源的问题。一下子穿越到一个无人小岛上，大家首先面对的就是对生存的渴望和对未知的恐惧。这种情况下，出于人性的本能，大家可能会为了争夺生存资源而发生内斗。一旦发生内斗，那么，大家在这个岛屿上生存的几率就更低。所以，首先要解决的问题是建立一种合理的资源分配机制。

有人主张，首先应该选出一个领袖。因为一群人在这个岛上，可能有些人会想先去寻找食物，有些人会想先去寻找水源，甚至还会出现突发状况，如果众人各有主张的话，则可能会陷入危机当中。所以，要有一个领袖来统领大家，且代表大家来作决定。

有人强调，最重要的应该是分工和产权，明确分工和界定产权是关键。资源分配固然很重要,但众人现在应该还没有什么资源。明确每个人应该干些什么才是最重要的,这就需要建立一个分工的制度,跟分工有关的还包括产权。那么,应该怎样界定产权呢?对于岛屿上的资源,是采用先到先得的产权制度,还是大家共有的产权制度呢?这也是关键问题。

还有人反驳上面所有的意见,认为首先要解决的问题是建立起一整套制度安排。人们处在这样一个岛屿之上,从长远来说,需要解决生产和繁衍的问题;从近期来说,需要解决每个人的安全问题。如果没有一个合理的制度安排,那么无论是个人安全,还是生产与繁衍,都是不能实现的。

这些观点各不相同,而且似乎这些问题都比较重要。但问题是,到底什么是最重要的、人们亟须处理和应对的事务呢?

听到这里,你可能会想,突然穿越到太平洋的一个岛屿之上,其实是一件很惬意的事情。空气清新,风景如画,白色的沙滩,蔚蓝的大海,加上逃离城市的喧嚣,听上去似乎是一个不错的选择。

二、绕不过去的霍布斯命题

但事情其实并没有这么美好。我首先想问大家的是，这个假想的岛屿之上的生活环境，跟我们今天实际的生活环境——我们生活在中国，也有许多人生活在其他国家，比如美国或欧洲——到底有什么不同呢？

深入思考之后，我相信大家会发现，最大的不同是法律可能失效了，政府没有了，警察也消失了。面对这样一个全新的环境，起初也许我们还维持着同学师生之间那种友谊、情感与人际关系。

但是，随着时间的推移，特别是当大家发现生存的资源非常匮乏，所拥有的食物和淡水资源都非常有限的时候，所有人的关系就有可能发生某种微妙的变化。当每个人面临这种巨大的生存压力的时候，甚至每个人都面临某种生存威胁的时候，我们首要的想法可能是自我保全。

而当每个人都优先考虑自我保全，生存所需的资源又很有限的时候，人与人之间就有可能产生冲突。而一旦冲突产生，岛屿上又没有我们今天人类社会的各种冲突协调机制，没有政府与法律，没有警察与法官的话，这种人与人之间的冲突就可能会不断升级。这种升级可能会导致普遍的人与人之间的暴力化的关系。这样，有一天，我们的岛屿就会成为地狱。

讲到这里，你应该能够理解，最大的问题可能是没有政治秩序了。固然，其他观点都非常重要，但所有这些问题都离不开一个最根本的问题，那就是首先要构建一个有效的政治秩序。无论是资源分配也好，领袖也好，分工和产权也好，还是制度安排也好，如果没有一个基本的政治秩序，其他问题都是无法解决的。更严酷地说，如果没有一个基本的政治秩序，人群之中的内斗与暴力，甚至是互相残杀的问题都有可能出现。所以，最紧要的任务就是要构建一个有效的政治秩序。

按照英国政治哲学家托马斯·霍布斯（Thomas Hobbes）的说法，当一个地方没有一个共同的权力使大家都慑服的时候，人们便处在所谓的战争状态。这种战争是每个人对每个人的战争。

如果我们不首先解决好这个问题，那么，我们要想过上自己想象的理想生活，那是不太可能的——比如，像郁喆隽老师一样研究哲学，像姜鹏老师一样研究历史，像侯体健老师一样研究文学，以及像沈奕斐老师一样研究家庭与婚姻，这一切都将成为不可能。

我们首先面临的是一个生死予夺的问题。我们如何在这个岛屿上以一种群体的共同方式生存下来，如何避免人类群体的内乱或内战状态。

经过这样的讨论，你应该更容易理解，我们今天生活在这个世界上，能拥有基本的安全、法律与秩序，社会能基本上处在一种有序的状态，那都是因为这一切的背后有一种政治力量。我们把这种政治力量称为国家，因为只有国家通过统治才能为我们提供基本的政治秩序。而对任何一个人类共同体来说，国家是必需的，统治是必需的。如何控制暴力以及如何提供基本的安全、法律和秩序，是任何人类共同体首先要解决的问题。

三、传统型统治的利弊

听我讲到这里，你可能会进一步想，统治固然是必需的，但问题是应该由谁来统治呢？在这样一个岛屿上，当原先的政治秩序消失后，我们需要构建一种新的政治秩序,但任何政治秩序首先要解决如何统治与谁来统治的问题。实际上,统治方式同时也决定着各种各样的政治秩序的差异。

到底应该由谁来统治?有人提出来,要不要遵循传统来统治?换句话说,过去怎样,我们现在也怎样。我曾经在课堂上做过这样的假设,假设教室里的所有人突然穿越到一个岛屿上,于是有人提出来,过去,讲台上的老师给我们讲课,到了这个岛屿上,还是让老师说了算,行不行?

但这个问题一提出来,可能马上就会有人起来反驳。也许包老师是一个称职的或胜任的老师,但问题是他是不是一个好的统治者呢?我们知道,要成为一个合格的或优秀的统治者——按照政治思想史的一般看法——需要三种不可或缺的品质。

第一,知识。一个统治者应该具有相当的知识,他应该了解统治是怎么回事,懂得如何塑造一个好的岛屿、一个好的城邦或者一个好的社会的专门知识。

第二,能力。一个统治者应该具有相当的能力或者才干。要考查他是否善于建立大规模的组织、协调大家的行为以及领导众人。

第三，德行。一个统治者还应该具有相当的德行，他不应根据自己的私利而应根据整个共同体的利益来进行统治。在个人欲望方面，一个优秀的统治者往往能够做到善于自我克制。

那么，按照这样的标准，一个好的大学老师会是一个好的统治者吗？恐怕未必。所以，估计有人会提出反对意见。但这里还有更为现实的问题。

比如，有人就认为，尽管讲台上的大学老师未必是一个完美的统治者，却是现实中一个"可得的"统治者。因为如果换成另外任何一个人，就会有许多人感到不服或不满。他们会这样问："他凭什么统治？我凭什么服从？"这就有可能会引发巨大的异议，甚至是社会抗争，结果就有可能引发冲突。这样一来，我们在岛屿上的生存概率就会大大降低。

所以，我们不妨先假定基于传统来进行统治。这种做法就是遵循"历来如此"的惯例：我们过去怎么统治，现在还怎么统治。这样，讲台上的大学老师摇身一变，成了岛屿的统治者。

那么，接下来大家最关心的问题是什么呢？估计没有人会再关心我是否有学术能力或是否善于授课，大家最关心的可能是：我是否能够胜任统治者的职位？特别是，我是不是一个公正的统治者？在许多人看来，跟其他各种品质相比，一个统治者能否做到公正地统治可能是最重要的。

那么，我能否成为一个公正的统治者呢？我能否建立一种基于公正的政治秩序呢？这种公正的政治秩序可以让每个人都得到他应得的合理份额，让大家各安其位，各尽其责。

进一步说，在此基础上，我能不能建立起一套为众人服务的行政机构呢？我能不能做到知人善任与用人所长呢？比如，能不能请强健有力的人来负责治安？能不能请富有管理才干的人来负责行政？能不能让为人公正且精通规则的人来负责司法？能不能请学识渊博的人来负责教育？能不能请手艺精湛的人来负责修建房屋和船只？等等。我想，这些可能都是大家非常关心的问题。

也许一开始我干得还不错，我要求自己努力成为一个公正而有为的统治者，做到了众人所期望的一切。那样，尽管在这个岛上并不富有，但我们能拥有基本的安全和秩序，有必需的食物可以充饥，有结实的木屋可以御寒，众人能够安居乐业。如果这样的话，大家会满意现状吗？大家会认同讲台上的老师作为统治者的所作所为吗？

我想，应该有不少人会表示赞同。但是，即便我作为统治者做到了刚才所说的一切，大家会发现仍然有不少的问题。比如，也许我在短期内（可能两三年）做得很好，那是因为我们存在迫在眉睫的共同危险，我们必须首先建立一个政治秩序，必须形成一个共同体，才能在这个新的岛屿上生存下去。但接下来的问题是，我会不会一直是一个公正而有为的统治者呢？

我是一个普通人，我身上具有所有人与生俱来的弱点。成为统治者以后，我完全可能变得贪图享乐和不知节制，我甚至可能变得贪婪、骄横和暴虐。当我建立了护卫机构（也就是军队、警察部门）和官僚机构以后，就拥有了强大的统治力量，拥有了压制反对意见和反对派的强制力。这样，我可能会开始不太在乎众人的意见，不再去认真倾听大家的诉求，过去的约束机制也将不再起作用。

久而久之，我的个人欲望还会进一步地膨胀，我甚至喜欢所有人都来讨好我。这是完全有可能发生的事情。如果一个统治者发生了这样的蜕变，那他就偏离了一个公正而有为的统治者的标准。结果是，这个岛屿上已经创造出来的政治秩序就会逐渐败坏掉，整个治理就会变得越来越糟糕，众人会开始发出抱怨，甚至是反抗的呼声。

当然，可能还存在第二种更好的情形。穿越到这个岛屿上以后，我一直是一位非常自制的统治者。经过两三年时间，我带领大家实现了刚才所设想的良好秩序和有效治理。此后，我还时刻提醒自己要成为一个卓越的统治者，要努力做到深谋远虑、公正守法和自我克制。如果一个统治者能一直这样做，岛屿就更有可能实现长治久安。但即便如此，统治的问题仍然没有从根本上解决。

因为任何一个统治者都会死。统治者死了又该怎么办呢？比如，我作为统治者有一天死了，那么这个岛屿又该怎么办呢？我们仍然面临由谁来统治的问题。有人会说，你不是有儿子或女儿吗？是不是让你自己的后代来直接继承统治者的位子呢？还有人会说，要不要请你来指定下一任的统治者？在单个统治者可以说了算的政治秩序里，这些都是可能的选项。

但是，总的来说，当一个优秀、开明、自制、公正、有为的统治者去世以后，问题总会反复地出现，正如我们在历史上所看到的那样。所以，大家会发现，基于传统的统治方式总会存在问题，没有人能保证一个政治共同体一直能拥有一位公正而有为的统治者。

四、卡里斯玛型统治好不好？

正因为这样，有人就提出来，我们起初设想的这种方式并不好，我们觉得还有一种更好的选择统治者的方式。我们其实可以请大家公认的最有魅力的一个人来领导大家。德国社会学家马克斯·韦伯（Max Weber）有个重要的概念，叫作卡里斯玛型统治。这里的卡里斯玛，是charisma，即"超凡魅力"的音译。

比如，我们当中正好有一个人符合卡里斯玛型人物的特质。这位同学不仅学识渊博、才华横溢、气宇轩昂，而且具有令人愉悦的个性。这位同学不仅本身出类拔萃，而且还具有鼓舞人心的力量。这样一个具有令众人折服的能力的人，恐怕可以成为岛屿上最具魅力、众望所归的人物。既然原先的统治者会老去，有人就提议不妨根据卡里斯玛原则来选定一位超凡魅力型的领袖。这种主张应该会有相当的市场，既然我们必须被统治，那么为什么不找一个具有超凡魅力、众望所归的人来领导我们呢？这种见解无疑是有理的。

但问题是，一个魅力型统治者会不会更好地统治这个岛屿呢？我们可以设想一下，假定某个教室里的某一位同学符合这样的要求，属于具有超凡魅力的人物，这个教室里的多数人倾向于让他来做统治者。但是，当他从一个众人意向中的统治者变成一个实际的统治者时，随着他身份的变化，他的心态和行为都可能会发生巨大的变化。我们经常听到的一句话是："你之所以还没有败坏，是因为你还没有尝过权力的味道。"

所以，无法回避的问题仍然是：成为统治者之后，这位具有超凡魅力的人物会不会变得贪婪？会不会破坏已有的公正规则？会不会丧失原本具有的美好品格？再进一步说，他会不会有一天变成一个暴君？大家会发现，这是完全可能发生的事情。如果是这样，由于这位统治者是一位超凡魅力人物，所以，他对岛屿造成的危害可能会比普通统治者还大。

很多历史就是这样重复的。一开始，出现了一个众望所归的超凡魅力型领袖，众人对他抱有很高的期待；然后，在这位卡里斯玛型领袖统治五或十年后，大家发现他逐渐变得越来越糟糕了，甚至完全沦为一个暴虐的统治者。这样，众人不再能够心悦诚服地找到"服从的道理"，相反，很多人甚至开始寻找"反抗的缘由"。

此时，岛上肯定会流传很多私下的或公开的对统治者表示不满的传闻，关于这位统治者胡作非为的半真半假的"谣言"也会遍布整个岛屿。实际上，到这种地步，这位卡里斯玛型统治者的合法性已经削弱，甚至完全丧失了。

五、政治暴力游戏的开始

故事讲到这里，你会发现我们这里可能有一个重要的角色还没有提到过。简而言之，任何一种统治想要延续，除了需要有统治者以外，还需要建立一套护卫系统。而当这套护卫系统建立起来以后，一定会有一个关键的角色，那就是护卫队的队长。这个人领导着护卫队，带领着一批身强力壮、配有一定装备的战士。

如果只是一个数百人的岛屿，那么二三十人或数十人的护卫队，就已经是一支非常强有力的武装了。有一天，这位护卫队长慢慢发现，今天的统治者已经不那么受欢迎了。碰巧的是，这位护卫队长本身不仅身强力壮，而且还富有领导力；他不仅富有领导力，而且也非常关心这个岛屿的前途。当听到民怨沸腾之后，他觉得这个岛屿再也不能让这样一位统治者继续统治下去了。

所以，他就开始酝酿发动一个重大的事变。他开始谋划准备，甚至还说服了十来位护卫队的成员跟他一起行动。然后，在某一个月黑风高的夜晚，他说服护卫队的其他许多成员，跟他一起发动了一场政变。他们把原本具有超凡魅力的统治者囚禁起来了，或者用一条独木舟把他流放了出去，或者干脆就把他处死了。

随后，这位护卫队长还发表了一个简短的政治声明。政治声明这样说："尽管我们的岛屿过去在这位统治者的领导下，有过令人倾慕的生活，但随着时间的流逝，他变得越来越贪婪、无能和败坏。如今，他实际上已经沦为一个暴君。我们现在再也不能忍受他的统治了，所以我们必须要用正义的力量推翻他。我们推翻他没有别的目的，我们的目的就是要重建本岛的公正与秩序！"

这个消息传出去后，在很短的时间内，很多人跑到岛屿的广场上去庆祝和欢呼，因为一种忍无可忍的统治终于结束了，一个暴虐的统治者终于被推翻了。

但问题是，新的统治会比旧的统治更好吗？新的统治者会比旧的统治者更优秀吗？大家不要忘记，新建立的政治秩序的基础是什么？暴力。实际上，政治游戏的规则已经变成了"谁有力谁统治"。在一个数百人的共同体中，如果有一支数十人的护卫队，他们本身体格强健，又能以合适的方式组织在一起，这样一来，我们其他人其实是很难挑战他们的。所以，这位过去的护卫队长靠着自己领导的武力组织，就能建立起对整个岛屿的统治——而无论其他人是否答应或是否感到满意。

所以，新的问题又来了：大家对这种统治究竟抱有多少期待呢？这位护卫队长既有可能成为一个优秀仁慈的独裁者，又有可能成为一个腐败骄横的独裁者。一句话，他既可能成为明君，亦可能成为暴君。但是，即便他是一个开明君主，仍然不能解决他死之后如何统治的问题。

此外，这种直接基于强力的统治还有一个直接的问题。这位护卫队长自己成为统治者之后，他还要任命一位新的护卫队长。由于过去这场政变，护卫队长成了一个政治上极重要的职位，因为他直接控制着暴力工具。

由于这位统治者的职位本身就是在护卫队长这个职位上通过政变而获得的，所以，他会时刻提防新的护卫队长是否会发动政变。为了稳妥起见，他甚至可能设立两个护卫队，左护卫队和右护卫队，使他们保持权力的均衡。

问题是这种权力的均衡会一直很稳定吗？这个就很难

讲了。如果出现更强有力的护卫队长，他就完全可能通过政变取代现有的统治者。此外，现有的统治者终有衰老的一天，这也加大可能发生新的政变的风险。

所以，美国政治思想家亚历山大·汉密尔顿（Alexander Hamilton）在《联邦党人文集》的第一篇就提出了一个严肃的问题："我们人类社会是否真正能够通过深思熟虑和自由选择来建立一个良好的政府，还是他们永远注定要靠机遇和强力决定他们的政治组织。"这里的机遇就是运气，强力就是暴力。这个问题是汉密尔顿在1787年致纽约州人民的信中提出来的，目的在于说服纽约州人民批准新的《美国宪法》，即1787年《美国宪法》。但其实，这个问题是值得我们所有人都去认真思考的问题。

讨论至此，我们前面已经"经历"了三种可能的统治：第一种叫基于传统的统治，第二种叫基于魅力的统治，第三种叫基于暴力的统治。这三种统治形式有它们各自的特点，但同时也有它们各自的问题。

如果你接受过政治学的训练，你又观察了岛屿上政治生活的纷纷扰扰、起起落落，你可能会发现人类政治生活中其实存在着一个永恒的难题，我喜欢把它称为政治权力的"永恒两难"。

这个"永恒两难"是指，一方面，如果没有政治权力，社会就会陷入人与人的战争状态。我们今天的大部分人对此可能体会不深，那是因为始终有一个政治权力为社会提供着基本的安全、法律与秩序。而只有当一个社会处于内乱或内战状态时，身处其中的人们才会有深切的感受。

另一方面，一旦有了政治权力，社会又将如何克服政治权力本身带来的弊端呢？又将如何有效约束政治权力呢？这是一个同样重要的问题。从历史经验来看，政治权力一旦产生，最大的难题就是如何使约束权力成为可能。

很多同学都研读过历史，你随便翻开中国历史或外国历史教科书，我问一个最简单的问题：无论是皇帝国王、将军元帅，还是权力巨大的政治寡头们，他们的权力会轻易被人约束吗？当然不会。进一步说，当这些人拥有巨大权力的时候，他们难道会主动放弃权力吗？当然不会。

法国思想家孟德斯鸠（Montesquieu）曾经说过一句非常有名的话："一切有权力的人都容易滥用权力，这是万古不易的一条经验。……有权力的人使用权力，一直遇到有边界的地方为止。"

讨论了人类社会在政治权力方面面临的基本难题之

后，我们再回到岛屿上。如果你继续生活在这个岛屿上，而且你经历了基于传统的统治，基于魅力的统治，以及基于暴力的统治，你看到了很多统治者此起彼伏，而这个岛屿的治理时好时坏，你会有什么样的感受？你又会形成何种政治判断呢？

六、法理型统治的希望

假如上面讲到的政治情形不断重复，也许会有一些人开始更深入地思考岛屿上的政治问题，其中一些人也许活得还比较长寿，他们见多识广，过去又受过政治学或法学训练，这样，他们的思考也许更有价值。

随着时间的流逝，其中一位年长的智者觉得已经对这个岛屿上的很多事情大彻大悟了。这个智者也许居住在岛屿的西头，他就是从大陆来到这个岛屿的，他也许研习过政治学或者宪法学，有比较广博的见识。他甚至还记得，他离开大陆的那个年代，大陆之上许许多多不同的国家有着不同的统治模式和治理经验。

所以，经历了岛屿上的政治动荡之后，这位长者就开始悄悄地传播他所信奉的观点。他说，我们经历过很多种不同类型的统治，但最后发现，并没有哪种办法能够带来稳定而优良的政治秩序。

既然如此，这个岛屿还能实现稳定而优良的政治秩序吗？这位智者跟其他人说，过去大陆上有许多不同的国家，有的国家采用这样的统治，有的国家采用那样的统治，但据他的观察，只有一种统治模式能够实现真正的长治久安。那么，这种统治模式是什么呢？

他这样告诉别人，我们岛屿的统治再也不能沿袭过去的做法了，因为无论基于传统、基于卡里斯玛还是基于暴力的统治，都不是那么靠得住的。这几种统治模式都无法带来真正的善治和长治久安。

这位智者说，很多人对我们这里过去发生的事情都是亲眼所见，比如，统治者开始可能是好的，但后来就变坏了；上一任统治者可能是好的，但下一任统治者就变坏了；更不用说，统治者与统治者权力交替时发生的一幕幕悲剧了，所以，我们再也不能这样过了。

有人很好奇，就来请教这位智者："先生，那按照你的说法，我们到底应该怎么办呢？我们还能在岛屿上构建稳定而优良的政治秩序吗？"这位智者尽管有些迟疑，但还是说出了下面这番深思熟虑的话：

"我们岛屿的统治应该要基于法理。惟有法理型统治，才是真正的长久之道。那么，什么是法理型统治呢？可能岛上的很多年轻人没有听过这个说法。事情还要从很久以前说起。

"老朽来到这个岛屿之前——大概是几十年前了，曾经生活在一片大陆上。在那片大陆上，存在着不同的统治方式和政治秩序，它们有的非常优良，有的并不理想，有的则糟糕之极。但是，根据老朽的观察，凡是最优良的政治秩序都是法理型统治。观察了本岛过去数十年政治上的起起落落和治乱兴衰，老朽更确定无疑地以为，只有法理型统治才能真正改善本岛的政治状况，才会有利于本岛长久的福祉。

"那么，什么是法理型统治呢？简而言之，法理型统治有三个基本原则。第一个原则是，不管谁统治，首先要建立基本的规则。这个基本规则决定了无论是谁掌握政治权力，他只能按确定的规则来统治，统治者不能随心所欲、为所欲为。我们应该把一个确定的规则放在谁来统治这个问题之前。就像过去英格兰著名法学家爱德华·柯克

（Edward Coke）爵士对当时的英格兰国王所言：'国王啊国王，您尽管在万人之上，但仍然在上帝与法律之下。'所以，基本的法要优先于统治本身，基本的法要优先于统治者本身。这种传统过去被称为'立宪主义'。我们首先要明确基本规则，明确统治者和统治机构能够做什么和不能做什么，然后再来讨论谁来统治和具体如何统治的问题。

"第二个原则是，所有岛上公民的基本权利要有切实的保障。无论谁做统治者，他都不能破坏岛上公民的基本权利，其中最重要的是生命权、财产权与自由权。统治者的暴虐与对公民权利的侵害，往往是一个硬币的两面，当公民权利得到确定无疑的保护时，统治者就不能够为所欲为了。这样，统治者也更有可能成为优秀的统治者，岛上公民们才能获得一种有保障的生活。

"第三个原则是，要通过一种和平的，寻求岛上多数公民支持的方式来选择统治者。当然，这意味着一种投票制度，但投票制度的具体形式则存在多种选择。一种办法是直接选举，所有岛上的成年公民——比如 18 岁或 20 岁以上——可以在一个预先确定的时间，到广场上来投票决定未来两年中谁将成为我们的统治者，这是一个办法。但也有人会对这种选举方式表示担忧，众人真的能选出对本岛有益的领袖吗？他们的主要顾虑是，这里的好多年轻人没有政治经验，可能缺少政治判断力，因此，让所有18岁以上的公民来直接选举统治者，未必是一个审慎稳妥的做法。那么，怎么办呢？我们还可以先让18岁以上的公民选出一个议事机构——比如15位或25位公民代表，再由这个议事机构来决定谁将成为我们岛屿的统治者。我估计，大家会选择更有能力和智慧的年长公民来组成议事机构，这样可能会形成更审慎的决定。

"当然，法理型统治的具体安排要比这三条原则复杂得多，但老朽以为这三条原则是最重要的。实际上，过去数十年中，我们的岛屿已经尝试过多种统治方式和政治秩序，结果都不能令人满意。所以，我们现在的出路只有一条，那就是法理型统治。惟其如此，本岛才能长治久安。"

七、可欲的政治秩序与可得的政治秩序

如果你是岛上的一位公民，听了长者这一番语重心长的话后，再去思考本岛过去政治上的纷扰，你会不会赞同

这位长者的见解呢？用他所倡导的法理型统治原则来构建岛屿的政治秩序，是否更合理呢？

这位长者的见解在岛上激起了很多秘密的讨论，尤其是那些富有经验的年长公民对此讨论更为热烈。一部分人说，在尝试了诸种并不理想——最后往往很糟糕——的统治方式之后，法理型统治是本岛唯一的出路。若不能实行法理型统治，本岛将继续在一批优秀的统治者与一批糟糕的统治者之间来回摇摆，将无法摆脱这种治乱交替的命运。

但另一部分人则认为，这种法理型统治的政治秩序固然是"可欲的"，但是它也是"可得的"吗？住在岛屿另一头的另一位年长的智者就持有这种见解。他这样说：

"听到上面那位老先生的见解，我感到有些忧虑。我已经同他争论好多年了，你们众人还是不要轻信了他的看法。在我们曾经生活的那片大陆上，出现过很多类似的情形，有的国家就采用了刚才那位老先生倡议的方式来构建政治秩序。固然，有的国家实施得非常好，但有的国家实施下来却是一场政治悲剧。照我看来，一个地方的政治如何，完全不取决于他们所实施的制度，而取决于实施这些制度的人。他们有什么样的人，比他们有什么样的制度，往往更重要。

"在那片大陆上——如果我没有记错的话——有不少国家实行这种法理型统治的政治秩序后,并没有得到他们想要的结果。如果你让公众投票来决定由谁统治他们,结果往往是该国的精英阶层马上四分五裂,形成大量的派系。富人有富人的派系,穷人有穷人的派系;有神论者有有神论者的派系,无神论者有无神论者的派系;甚至东南西北的人群还各有各的东南西北的派系。结果是,一开始各个派系之间只是互相竞争,到后来有的就变成互相恶斗了。

"在不少国家,投票活动常常都演变为暴力角逐。极常见的情形是,得势的一方往往想方设法压制失势的一方,而失势的一方总喜欢制造混乱的局面,使得势的一方也难以统治。那样的话,不要说好的治理,就是连和平与秩序都难有保障了。

"所以,以我的经验来看,统治的问题,不是你想要怎样设计就能怎样设计。实际上,现有的政治就是我们这些年来自己造成的。不是我过于悲观,我只是一个务实的人。要我说,我们大概只能在现有的状态里生活。

"你们若问我如何变得更好,我直接的想法是我们可能很难有办法变得更好。我知道,你们未必同意我的见解,特别是那些憧憬未来的年轻人。但是,你们也要知道,人本身就有缺陷,所以人类社会怎么可能没有缺陷呢?"

这是又一位年长的智者的观点,而且两位长者的观点截然相反。岛屿的故事讲到这里,大家又怎么看待这个问题呢?我们的讨论没有标准答案,政治不是数学,很多时候并不存在唯一的最优解。我只希望,诸位都能有自己的判断。

两位年长智者关心的是同一个问题:一个社会如何构建合理的政治秩序?然而,前者更多关注"什么是可欲的政治秩序",后者更多关注"什么是可得的政治秩序"。用更学理的方式来说,第一个问题是我们在岛上应该构建何种政治秩序?第二个问题是我们在岛上能够构建何种政治秩序?前者是"应然"的问题,关注应该怎样;后者是"实然"的问题,关注事实怎样。大家现在应该很清楚地知道:这两种思考问题的路径差异很大。

的确,当思考我们应该拥有何种政治秩序的时候,我们还必须考虑我们能够拥有何种政治秩序。如果回到经验世界,大家还会发现,一种政治秩序的构建较少取决于智者的思考，较多取决于政治参与者的行动。不是政治哲学原理决定了一个国家的政治秩序是怎样的，而是主要政治集团的观念、行为、选择以及互相之间的政治博弈决定了一个国家的政治秩序是怎样的。这正是现实政治的冷峻之处！

八、从岛屿的政治到诸岛的竞争

如果想作进一步的讨论，我们还可以超越一个岛屿的政治秩序问题，转而来思考诸岛竞争的问题。假定我们有五个类似的班级和教室，每个教室里都有一位老师和300位学生，同样的规模，类似的男女比例，大家的智商和知识程度相当。

此时，我们突然被一股神秘的力量分别弃置在太平洋深处五个规模与资源相当的不同岛屿之上。然后，经过五十年、八十年、一百年的时间，那个时候的造船技术或别的技术也许发达一些，当我们五个不同的岛屿能互相接触、彼此发现对方的时候，就会出现诸岛竞争的问题。

那么，是什么因素决定了五十年、八十年、一百年以后，我们的岛屿可能会比别的岛屿更富有和发达一些呢？我们当年的人口条件是相当的，岛屿的资源条件也是相当的。那么，是什么因素决定了诸岛发展程度的差异呢？

倘若我们的岛屿是其中最发达的一个，如果开放签证的话，其他岛屿的公民可能会很乐意来我们的岛屿经商或者工作，乐意让他们的子女来我们这里接受教育，而我们会给他们当中条件较优秀的人发放绿卡，或者长期居留证。如果是这种情形，我们必须要问：我们是凭什么胜出的呢？因为有的岛屿可能跟我们完全不同。最糟糕的岛屿的公民们发现还有别的岛屿之后，甚至还会发生大规模的逃亡。为什么诸岛之间会形成如此巨大的差异呢？如果深入探究，大家应该能发现，这种差异的原因还在于政治秩序的不同。到那个时候，作为学者的我如果还活着的话，也许还能写出《岛富岛穷》或《为什么有的岛屿会失败？》这样的学术畅销书。

总的来说，政治秩序的好坏，直接关系到一个岛屿的福祉。每个人生活的好坏，每个人职业成就的高低，每个人的才干知识是否有用武之地，每个人是否具有努力工作的动力，每个人是否珍惜自己的德行与名声，每个家庭是否更安稳和幸福，整个社会是否拥有和平与安定，所有这些方面都跟岛屿的政治秩序有关。政治秩序的优劣，除了关系到一个岛屿的福祉，还关系到诸岛之间的竞争。一种优良的政治秩序，更能使一个社会产生发达的文明和强大的竞争力，从而使得这个岛屿不仅不会落后，反而还会遥遥领先，成为诸岛竞争中的胜出者，成为人类文明的领导者。

上面讲的故事尽管只是一个政治寓言，但这大概跟人类社会过去上千年走过的道路是有关系的。如何构建合理的政治秩序，是人类政治生活的基本问题。政治学思想与研究的演进，很大程度跟这个问题有关。

最后，我想跟大家分享清末民初的重要思想家梁启超先生的一段话。他这样说："政府之义务虽千端万绪，要可括以两言：一曰助人民自营力所不逮，二曰防人民自由权之被侵而已。……苟不尔尔，则有政府如无政府，又其甚者，非惟不能助民自营力而反窒之，非惟不能保民自由权而又自侵之，则有政府或不如其无政府。数千年来，民生之所以多艰，而政府所以不能与天地长久者，皆此之由。"梁启超先生的这段话尽管是文言文，但并不复杂，可以算得上古今政府治理与政治权力运用的金玉良言。

我的分享主要关注的是政治生活中的两个基本问题：第一，任何一个岛屿、一个共同体或一个社会，首先必须存在有效的政治权力；第二，这种政治权力还必须要被制约。

如果以这两条原则去衡量世界各国的治理，大致可以得出这样的结论。如果第一个问题解决不好，同时第二个问题也解决不好，这样的岛屿或国家基本上就像地狱一般。如果能够解决第一个问题，也就是政治权力有效性的问题，但不能解决好第二个问题，也就是如何约束政治权力的问题，那么，这样的岛屿或国家就会面临巨大的不确定性。只有既解决好第一个问题，又解决好第二个问题，这样的岛屿或国家才能实现持久的和平与繁荣。

如何克服生活中的非理性决策？

寇宗来

复旦大学 经济学院

经济学研究人的选择，而经济学的知行合一要求我们首先做对的事情，然后再把事情做对。给定时间精力有限，我们需要把主要精力放在那些大的、重要的事情上，而不应该在小的、次要的事情上纠缠很多，即通常所谓的抓大放小。这符合《矛盾论》的精髓。我们应该将主要精力放在主要矛盾而非次要矛盾上，应该抓住矛盾的主要方面而非次要方面。

但在现实生活中，我们通常并非如此理性。

首先一个例子是主次不分。西谚有云"Penny wise, Pound foolish"，翻成汉语乃是"小聪明，大糊涂"，意思是说很多人在"一便士"之类的小事上斤斤计较，显得非常精明，但在"一英镑"级别的大事上却粗心大意，以至于有些愚蠢。比如说，很多人日常买菜时总要耗时耗力讨价还价一番，但轮到买股票，随便听到一个"内幕消息"便重仓杀入，脑海里想的是大赚快赚，到头来却十有八九被人割了韭菜。两相对比，"非理性"显而易见。给定时间有限，人们应该把更多的时间投入研究和核实"内幕消息"的真假上，而不是花在鸡毛蒜皮的讨价还价上。每天的买菜钱与重仓股票价格些许波动所牵涉到的资金波动相比，真可谓小巫见大巫了。

　　另一个例子就是选择困难症。理性的人不应该有选择困难：如果两件衣服对你来说有很明显的差异，你就不应该有选择困难；如果你有选择困难，不就意味着你无法区分这两件衣服的优劣吗？所以对你来说，你穿哪个不都一样吗？所以选择困难症在逻辑上就似乎预示着你是非理性的。当你无法区分两个东西的好坏时，你随便拿一个就行了，为什么还要在你没办法区分的两个选项里面花很多的时间去犹豫呢？

再一个例子是我们经常会过度自信。对于过度自信这个现象有很多的实验，比如说在炒股赚钱这件事上，以前基本上是一个人赚，两个人平，七个人亏。可绝大多数人为什么还要进入股市呢？因为每个人都认为自己是超越市场平均水平的人。但是大家想，如果每个人都比平均水平牛，那么加起来肯定是不对的。为了理解过度自信的经济效应，不妨先看一下银行是如何赚钱的。大家把钱存到银行，银行在保持保证金的前提下将剩余的钱贷出去，持存贷差获利。这种盈利方式是如何实现的呢？你今天把钱存进银行，并不会明天就把它取出来，而可能是隔一段时间或者慢慢把它取完，所以会有一部分钱沉淀在银行，银行觉得把这些钱全部留在你这里是没必要的，它只需要留一小部分钱以应对客户临时取款的需求，那么就可以把其余的钱贷给别人。根据大数定律，银行只需要留约10%的保证金，实际上就可以应付客户平时的取款需求。健身房的道理是类似的，我们办健身卡的时候，想着一年365天，三天去一次，一年去一百次，每次平均下来的价格就很便宜。但结果通常是怎样的呢？不少人办了健身卡之后就没去过几次。其实健身房这种机械模式是很难盈利的，但就是因为有人性的因素，所以才产生了利润。我想问，如果你办健身卡之后经常不去，为什么还要办卡呢？因为你在办卡的那一瞬间觉得自己特别牛，认为自己肯定每天都会去健身。

再一个例子就是拖延症。我猜想很多人都做过新年计划，new year's resolution，励志自己要做一件很重要的事情。但做好重要的事情往往都是逆人性的。看着重要的事情，我们就是下不了手，总会拖一拖，想着今天不干，还可以明天可以干，但到了明天，又会想着后天再干。于是乎就有了那首著名的诗，"明日复明日，明日何其多。我生待明日，万事成蹉跎"。

作为决策者，我们当然希望避免诸如此类的非理性行为，但之所以不能做到"抓大放小"，是因为在具体的决策环境中，我们往往弄不清楚大小之辩和主次之分。但存在的就是合理的，各种非理性行为之所以能够持续存在，必然是因为有一些基础性机制在起作用。只有认清楚这些基础性机制到底是什么，我们才有可能让决策变得更加理性。

需要理解的核心问题是，我们的决策中心——大脑是如何构建"报酬系统"(reward system)的，即到底是什么因素决定了我们在决策过程中对轻重缓急的判断？许多人认为，是我们过去的阅历以及我们对未来的期望，决定了我们对"快乐"和"痛苦"的认知以及我们对轻重缓急的判断。这种阐释听起来非常符合常识，也富有哲学意味，但与神经科学以及行为经济学的研究结论并不一致。神经科学和行为经济学的最新研究表明，我们的大脑所设定的"报酬体系"并不与"快乐"或"痛苦"本身相关，而与"快乐"或者"痛苦"的变化有关。

从神经科学的角度看，我们的"有意识"决策是这样一个信息的收集和处理过程：首先，感官系统，即一系列功能不同的传感器（眼耳鼻舌身意），将它们所感知到的外界信息（色声香味触法）转化成生物电信号，并将其通过神经系统传导到大脑；然后，大脑再根据其预先设定的"模糊算法"对这些生物电信号进行处理，判断轻重缓急，权衡利弊得失，最终作出相应的"最优选择"。

如此看来，我们时常显得冲动或者非理性，乃是因为我们大脑决策体系所认可的"最优选择"，至少从长期来看并不真正符合我们的自身利益。换句话说，我们大脑所设定的"报酬体系"对事物重要性的评价，与我们置身其中的环境或社会对事物重要性的评价并不一致。

理解具体的缘由，需要从神经元（neurons）说起。神经元是大脑负责信息处理的细胞，我们的大脑大概有1000亿个直接或间接彼此联通的神经元，每个神经元从其他神经元获取信号，集成信号，然后再向大脑的其他部分传递新的信号。这是一个非常复杂的过程，详细的描述，感兴趣的读者可以参考相关的专业书籍。

在1000多亿个神经元中，实际上只有100多万个位于"中脑腹侧被盖区"（ventral tegmental area，VTA）的神经元对我们的决策能力具有决定性影响。在这些神经元内部，信号以生物电流的方式，沿着神经元的膜壁（membrane wall）流动。一个神经元给其他神经元发送信号时，这些信号会从居于神经元中心的细胞体传输到神经轴突（axon）。

信号传输速度有快有慢，有时候，神经元一秒钟只发几个信号，而有时候，它们却会变得非常活跃，一秒钟能迸发出很多信号。神经科学家将此称为神经元的放电率（firing rate）。在神经科学研究中，人们正是通过将非常细微的电线插入大脑贴近这些神经元的地方，来记录电流信号并将其输入电脑里面的。

需要特别强调多巴胺神经元。这是一种通过化学物质多巴胺而与其他神经元进行信息交流的特殊神经元。每次电流信号沿着神经元流动，在神经元之间叫作突触（synapse）的裂口处终结，会激发释放化学物质多巴胺。这些多巴胺会被相邻的神经元所吸收，并提高这些神经元的活跃程度。

人们早就知道多巴胺神经元对运动和行为具有关键作用。比如说，帕金森患者手脚会不由自主地抖动，身体会变得僵硬，也会产生无法控制的剧烈震颤，而脑干多巴胺神经元的退化被认定为"帕金森综合征"的标志性特征。现在，神经科学家知道多巴胺神经元还有影响大脑价值判断的重要功能，即多巴胺神经元损伤会导致所谓的报酬预测错误（reward prediction error）。

20世纪90年代，神经科学家沃尔夫兰·舒尔茨（Wolfram Schultz）做过一个著名的研究。如前所述，他将非常细微的电线植入猴子的"中脑腹侧被盖区"（VTA），并由此记录猴子得到诸如果汁之类的奖励时VTA神经元的信号变化。舒尔茨发现，当猴子得到果汁或者收到将有果汁的警示信号时，多巴胺神经元的放电率会增加，而当猴子没有得到预期的果汁时，多巴胺神经元的放电率则会下降。

这个实验的意义非常重要，它校正了人们对多巴胺的常规认识。长久以来，多巴胺经常被称为大脑的"欢愉化学物质"，意指多巴胺是对欢愉或者痛苦作出反应，但这个实验却表明，多巴胺神经元不是对报酬（欢愉或痛苦）本身作出反应，而是对"超预期"，即期望与现实的差异作出反应。

"报酬预测误差"导致了许多人们所熟知的宏观表现。比如，资本市场中的一个显著特征是，投资者们关注的往往不是投资标的基本面，而是基本面的"超预期"变化，而这恰好可以解释垃圾股满天飞的"反常"现象。正因为垃圾股的技术业绩很差，稍微有所改进就会大大地超预期。

参照这个例子，我们接着考察何为超预期。这牵涉两个关键因素：

第一，必须有一个比较基准，即参考点。没有参考点，差异将无从谈起；没有预期，也就无所谓超预期。通常说珠穆朗玛峰的高度是 8848 米，那是取了海平面作为参考点，但若以珠峰大本营为基准，珠峰的高度就低了不少。

第二，神经元对差异感知的敏感度。任何传感器都有其精度，精度小的只能感知比较粗略的变化，精度高的则可以感知更加细微的变化。只有当外部世界的变化幅度超过神经元的感知精度之后，神经元才能察觉到这种变化，进而大脑才有可能对此作出决策反应。将青蛙扔到热水里，它一下就蹦出来了，因为面对巨大的温度变化，青蛙能够获得极其强烈的感知；但温水煮青蛙，则任何时点，水温变化的幅度都小于青蛙的感知精度，乃至于最后青蛙被活活煮死。

19世纪中叶，心理学的重要奠基人恩斯特·韦伯（Ernst Weber）做了一个非常重要的科学实验，并得到了以其名字命名的"韦伯定律"。实验极其简单：他将实验者带入实验者，他准备了两个外形相同但重量稍有差异的物体A和B，要求实验者依次拿起和放下两个物体，然后让他们判断物体A和B是否有重量差异以及孰重孰轻。

结果发现，若以A和B的平均重量为参考基准，只有当重量差异超过参考基准的某个恒常比例（通常为2%到3%）时，人们才能准确地一致性地判断出两个物体孰轻孰重，这就是所谓的"韦伯定律"。

举例来说，给定两个物体重量相差都是1两，尽管人们肯定能区分 2 斤与 2 斤 1 两，但却无法区分 20 斤与 20 斤 1 两。因为相对于 2 斤的参考点，1 两意味着 5% 的差异，而相对于 20 斤的参考点，1 两意味着 0.5% 的差异，其感知精度要求远远高于普通人 2%—3% 的范围了。

韦伯定律的重要性在于它将人们决策的精度与 "标度"（range）有机关联了起来，由此就可以推导出所谓的 "标度效应"：当我们关注小问题时，它所牵涉的价值标度很小，而按比例计算，这时候我们所作决策的精度也就非常高；但当我们关注大问题时，它所牵涉的价值标度很大，而按比例计算，这时候我们所作决策的精度，从绝对量角度来看，就会显得非常粗糙。

我们可以从大脑感知世界和处理信息的方式，更加深入地理解标度效应。从前面的介绍可知，神经元是大脑进行信息处理的基本单元。神经元之间通过电流信号相互沟通，而绝大多数神经元都只具有非常有限的放电率范围。比如说，缓慢放电大概是每秒一次左右，快速放电大概是每秒一百次左右，从慢到快相差一百倍，变化范围非常有限。

但我们生活的世界却是五彩斑斓、变化莫测的。从星光暗淡的深夜到艳阳高照的白昼，亮度变化的倍数以百万计；同样，从蚊蝇的翅膀扇动到霹雳的天崩地裂，声音变化的倍数也以百万计。

这意味着，面对现实世界，我们的大脑时而要处理非常微弱的外部刺激，时而要处理非常强烈的外部刺激，同时还要适应外部刺激从弱到强或者从强到弱的突然变化。那么，我们的大脑如何才能用放电率范围非常有限的神经元来应对变化近乎无穷的外部世界呢？

挑战显而易见：从星夜到白昼，光亮增强了百万倍，但神经元的放电率却没办法相应地增加百万倍；反过来，从白昼到星夜，光亮减弱了百万倍，但神经元的放电率却没办法相应地降低百万倍。

面对上述挑战，大脑给出的解决方案是：既然神经元的放电率不能做到同步变化，那就通过改变参考点来重新对标。

不妨举例阐释一下。假设神经元的放电率范围是每秒1—100，星夜的亮度范围是0—1，而白昼的亮度范围是0—10000000。身处星夜，大脑将以每秒50次的放电率对标于0.5的亮度，以此为参考点，人们可以感知到非常微弱的亮度变化。身处白昼，大脑将以每秒50次的放电率对标于5000000的亮度，以此为参考点，人们可以适应很大范围的亮度变化。

正是通过改变参考点和重新对标，大脑做到了以有限应对无限。这种适应外部世界的解决方案是生物进化和自然选择的结果，非常奇妙，不可思议。

但这种适应"策略"并非没有代价。以有限应对无限必然面临着精度与尺度的两难问题，要么是赢得了尺度而损失了精度，要么是赢得了精度而损失了格局。人们的许多非理性行为都与"标度效应"相关，买菜很计较但买股票很冲动就是一个典型的例子。

从小尺度变到大尺度，虽然我们感知差异的相对比例保持不变，但从绝对量的角度看，决策精度却大大下降了。10元钱，对于日常买菜来说已经是非常显著的差异了，但对于买股票却几乎察觉不到。所以，一个平素生活在小尺度中的人，一旦进入赌场，随着赌注参考点变高，他很有可能会显得异常大方，全然忘记筹码的波动完全超出了自己实际的承受能力。

从大尺度变到小尺度，以参考点按比例感知差异，从绝对量角度看，绝对精度是大大提高了，但与之对应的风险是人们可能会只见树木不见森林，深陷琐碎事务而忘记大势格局。苏东坡是有禅意的人，一句"不识庐山真面目,只缘身在此山中"便道尽了个中究竟。

做对的事情,代表的是决策格局,是战略,是方向,是领导力,要求我们选择大尺度参考点;而把事情做对,代表的是决策精度,是管理,是战术,是执行力,要求我们选择小尺度参考点。

古人云"夫志当存高远",落脚点就是要塑造"君子"的大格局。没有大格局指引,人们便会随波逐流;有了大格局,人们才会做到"一箪食,一瓢饮,在陋巷,人不堪其忧,回也不改其乐"。韩信之所以可以忍受胯下之辱,是因为他胸怀大志,懂得小不忍则乱大谋。但凡事讲辩证,光有大尺度参考点,而没有小尺度参考点,则不免会陷入好高骛远、志大才疏的尴尬境地。是故,毛泽东不但强调要在"战略上藐视敌人",同时也强调必须在"战术上重视敌人"。

经常听到这样的辩题。有人说,一屋不扫,何以扫天下?也有人说,扫天下者,何须扫一屋?从参考点角度来看,偏执于任何一种观点,皆不可取。合理的行为方式或许是,有扫天下之志能者,虽扫一屋,亦不可暴殄天物,忘却扫天下之志能也。反过来,以扫天下之志能而扫一屋,可谓小试牛刀,实有以小见大之功。

诺贝尔经济学奖获得者丹尼尔·卡尼曼（Daniel Kahneman）有一本非常有趣的书《思考，快与慢》（*Thinking, Fast and Slow*），其中详细阐释了大脑的决策机制。基于大量的前期研究，他认为人类在演化过程中，大脑似乎形成了两套思维决策体系：首先是所谓的"快系统"，这是自动地快速运行的，几乎不需要作出什么努力，但也很难或无法控制；其次是所谓的"慢系统"，它会将我们稀缺的注意力和计算力分配到必须经过有意识思考才能解决的问题上，比如复杂的统计运算。

之所以需要快系统，是因为我们可能随时会面临一些必须立即作出反应的突发事件。比如，走进深山老林，突然有东西蹿出来或者传来巨大声响，不管是人还是老虎，第一反应都是"逃之夭夭"，尽快脱离这种充满不确定性的事发现场。这种不经大脑思考的应激反应就是快系统运行的结果。面临突发情况如果有幸存活下来，快系统将会发挥第二个功能，即向慢系统汇报情况，以期获得更加理性的判断并作出沉着冷静的应对。

快系统的反应质量并非完全由天生决定，也可以通过后天训练进行改善。好比打乒乓球，具体到激烈对攻时，运动员看起来都是下意识击球的，但职业选手之所以水平高超，就是因为他们通过不断重复的专业训练，让步伐和肌肉都产生了"记忆"，进而面对不同情况时都能作出合理的本能反应。至于在每个球结束或者比赛间歇，运动员根据比赛进程作出后续的有针对性的战术调整，则是慢系统在发挥作用了。

快系统和慢系统的有机组合实际上构成了一个带有科层性质的决策体系，在注意力和决策能力都非常有限的约束下，兼顾了决策的速度和精度。不管是天生的，还是后天训练的，快系统都有一个"缺省"的参考点以及与之对应的"惯例"。如果我们碰到决策精度范围之内的事情（比如在参考点附近波动在2%以内），快系统只需按照"惯例"操作即可，也不会向慢系统汇报；但一旦碰到"超预期"的事情（比如以参考点尺度上下波动超过3%），快系统除了作出不过大脑的及时反应，还会向慢系统发出警报，而与之对应，慢系统则投入稀缺的注意力和计算力作出后续反应。

卡尼曼指出，人们之所以有很多非理性行为，是因为人们的决策受到快系统的支配而不自知。这也意味着，不管是天生的，还是后天训练的，快系统赖以运行的"参考点"和"惯例"是否靠谱将至关重要。

那些最厉害的人之所以厉害，则是因为他们可以在大尺度参考点和小尺度参考点之间恰如其分地"自由切换"：一方面，他们能够"入乡随俗"，"到哪个山唱哪只歌"，可以按照特定的情景选择与之对应的短期参考点；另一方面，他们能够"不忘初心、牢记使命"，不管身处何地，都能够做到"三省吾身"，时刻提醒自己切不可忘记那些应该一以贯之的长期参考点。这种境界当然很难做到，但至少可以心向往之。

知识就是力量。我们越是清楚地了解非理性决策的产生原因，我们将越有可能修身养性，让决策更理性、生活更美好。

为什么说生态学是管理大自然的经济学?

赵 斌

复旦大学 生命科学学院

一、泛生态化现象

说起"生态"二字，相信大多数人并不陌生。"生态"实际上已经被广泛应用于各个领域，成为当今人们在人与自然关系，甚至经济社会发展过程中使用频率较高的概念，比如生态圈、生态链、生态系统、生态食品、生态小区、生态建筑、生态汽车、生态电视……应该容易理解，在这些使用场景中，生态几乎成了一个形容词，涉及衣食住行用的各个方面，似乎任何概念加上"生态"一词，就成了高大上的东西。这种现象，我们暂且称之为泛生态化。

有生态学家对此忧心忡忡，认为泛生态化现象会损害生态学科的纯洁性，看上去似乎人人都在拥抱生态学，但实际上却让人们误解了生态学的真正内涵是什么。也有人说，在经济学领域频繁使用类似"生态圈、生态链、生态系统"这样的词,那是将经典的生态学概念借用到经济学领域,其实是在扩大生态学研究的外延,是一件好事儿。但是,我要争论说,这两种说法都不确切。

为了说明这个问题,我们不妨在网上利用搜索引擎查证一下。

首先我们来查询"生态圈"这个词,你会发现,这个词总是与"商业"二字同时出现,称为"商业生态圈",似乎与生态学没有什么必然的关联。我知道,你头脑中想象的概念,其实是另外一个词——生物圈,这个术语才是指地球上有生命活动地区的生物及其环境的总称。经过这个查证,你应该明白了,"生态圈"这个词并非生态学的经典概念,也不是生态学家会使用的概念,而真正使用这个词的,几乎全部在经济学领域。

按照同样的方式，我们再来查查"生态链"。这下就更热闹了！你原本以为要出现一堆与生态学研究有关的话题，可实际上你一条都找不到。果然，你想到的是另外一个生态学术语——食物链，即生态系统中的各种生物为了维系其生命活动，依靠食物而连接起来的链条关系。这个含义的确与经济活动中上下游产业之间的链条非常相似，但是，生态学家在任何场景下都不会说"生态链"这个词的。

那么，最后我们再查一下"生态系统"。这次你不会太失望，你所查到的条目主要是以生态学的研究为主，偶尔会出现与商业和经济学有关的条目，但并不占主流。

如果仔细分析这些词所用的语境，你应该会发现，这三个词的真实含义，其实是指不同规模下的商业或产业环境。有文章指出它们之间规模大小的关系为：生态圈＞生态系统＞生态链。那么，相对应的生态学中的这几个概念，也是：生物圈＞生态系统＞食物链。可见，生态学与经济学，虽然研究的客体截然不同，但研究问题的方式却有诸多相似之处。

其实这并没有什么好奇怪的，因为从两个学科诞生之日起，它们就存在着千丝万缕的联系。

二、生态学与经济学具有相同的起源

生态学的英文ecology一词源于希腊文，由词根"oikos"和"logos"演化而来。"oikos"表示住所，"logos"表示学问，二者合在一起，就构成了生态学，其含义是研究生物"住所"的学问。现在国际上还有本生态学杂志，仍然称为 *Oikos*，就是源于此。相比于其他学科，生态学是一门年轻的学科，从成为一门独立学科到现在，才刚刚过去一百多年时间。由于它关系到人类社会的可持续发展，逐渐成为世界上最热门、发展最快，也可能是最有前途的学科之一。

经济学也同样源于"oikos"，因为要体现对住所的管理（nomos），所以最后的合成词是economy。我们现在称经济学"是一门对产品和服务的生产、分配以及消费进行研究的社会科学"，字面上似乎看不出经济学与生态学有什么必然联系，但追根溯源，原来二者的联系如此紧密。所以，经济学领域现在经常"借用"生态学的词汇，这并不是一种巧合！大家注意，我这里将"借用"二字加上引号，因为从本质上说也算不上借，本来就是自身学科顺理成章的事儿。你完全可以将经济学看作是管理社会经济的生态学；反过来，有人将生态学这门管理大自然的科学称为"自然的经济学"，认为它是经济学在自然环境及资源管理中的应用，而将传统的经济学称为社会经济学。

在美国有一本非常有名的生态学教材，就叫 The Economy of Nature（自然的经济学）。可惜这本书的中译本，并没有采用直译方式，而是意译成《生态学》了。

我们现在明确了，在英语世界中，生态学与经济学都存在的词根"eco-"，体现出了其原始含义中二者密切的关系，强调投资与博弈。生态学探讨生物与其环境之间的相互关系，这也是一种生物的投资行为，强调投资中的权衡。具体说来，就包括：生长和繁殖的权衡，散居与集群的权衡，取食与危险的权衡，利己与利他的权衡……

所以，生态学家们考虑最多的问题，就是强调自然的平衡，各种代价与收益之间的权衡，最后达到一种双赢或多赢的和谐状态。生态学中最核心的问题就是由众多复杂的生态关系组成的各种联系与状态。同样，利益均衡问题，也是经济学理论研究的核心内容——关于这一点，我相信大家都能理解，这里就不再赘述。根据上述分析，我们应不难发现，生态学与经济学本质上是统一的。

三、生态学与经济学如何理解价值

如今，生态学与经济学之间似乎出现了不可调和的矛盾。大家都熟知的问题——以人类为中心，特别是以当代人的利益为中心——有关这方面的话题，我并不想老生常谈地展开讨论。我想说的是，我们对经济学的理解可能需要更新，如果缺乏更全面的了解，在衡量经济问题的价值取向时就可能出现偏差，进而对我们地球的生态系统可持续发展产生极大的困扰。

说到价值取向，首先要理解什么是价值。大家可能会说，这个简单，中学教科书就明确告诉我们：价值是凝结在商品中的无差别的人类劳动。不经过人类劳动加工的东西，如空气，即使对人们有使用价值，也不具有价值。但是不得不说，这个价值的概念，是特指的商品价值。在市场上，我们的确是通过金钱来表达我们的价值观。但是，对于我们的生态系统来说，目前绝大部分生态系统服务和生物多样性的价值，并不需要人类直接参与劳动，也没有作为商品出售，那么它们就没有价值吗？显然不是。如果有，我们应该如何谈论其价值呢？我们现在知道的事实是：如果在经济学中仅仅以商品价值获取为最终取向，那么这与真正的价值是背道而驰的。

致力于将生态学价值通过经济学手段来进行重新认识的研究，形成了一个学科门类，叫作生态经济学。

话说1997年，科斯坦萨（Costanza）在《自然》（Nature）上发表了一篇文章《世界生态系统功能与自然资本的价值》。该文首次以货币（商品价值）的形式，向人们展示了自然生态系统为人类所提供的服务价值。大家可千万别小看这其中的革命性思考呀！这里所探讨的主体——生态系统及其生物多样性的价值，在传统计量经济学看来，那是匪夷所思的。我们对其所做的经济学处理，本身所依托或建立的概念和方法，在当今仍然不具备充分的可操作性。而且，对于计量经济学家来说，要评价无法在市场上度量的东西，结果是难以理解的。以前，生态学家们说生态系统的服务有价值，很值钱。那么其他人就会追问，你说这个生态系统值多少钱呀？现在科斯坦萨用美元单位告诉了你，不同生态系统单位面积值多少钱。如此直观的展示，自然会引起广泛的讨论和争议。

其中最有趣的争论，是以皮尔斯（Pearce）为代表的环境经济学派发起的。皮尔斯们有很强的经济学背景，但生态学背景弱，而代表生态经济学派的科斯坦萨们，有非常好的生态学背景，但经济学背景比较弱。也许在许多人眼里，生态经济学就是环境经济学。那么现在环境经济学派与生态经济学派有这个争议，大家就可以明白，二者是不同的。环境经济学可以看作是经济学的一个分支，它度量人们对环境的使用，如果人们污染了环境，则需为此而付费。

在皮尔斯看来，生态经济学中的文化价值，是不能反映人们的"支付意愿"的，而环境经济学，被看成经济学的分支是没有问题的，因为对于环境污染来说，有很完善的罚款机制，不存在缺乏支付意愿的问题。当然，他们争论的点远远不止这些，这里只是简单提一下。坦率地说，皮尔斯的这种挑剔是很深刻有力的。这也让我们看到，只要"生态系统功能价值"的计量没有真正与经济学接轨，它就不可能被经济学所接受，也不会对经济实践产生太大的影响。

现在我们看到，虽然生态学与经济学的源头类似，但在学科逐步发展和认识的过程中，二者还是出现了巨大的差异，甚至还产生了不可逾越的鸿沟。

四、重塑我们的价值观

2018年4月,玛丽安娜·马祖卡托(Mariana Mazzucato)出版了《万物价值:加入并决策全球经济》。科斯坦萨在 Nature 周刊发文作书评,称这是一本"透彻而充满激情的新书",高度赞扬了马祖卡托所呼吁的提高生产力、平等和可持续的经济,并预测这将重燃之前长期辩论的主题:我们真正想要生活的世界究竟是什么。

《万物价值:加入并决策全球经济》提出了一些看似平常但难以回答的问题:谁是我们世界财富的真正创造者,我们如何才能确定其价值?马祖卡托认为,如果我们要彻底改变日益恶化的体系,而不是继续养活它,我们就需要迫切重新思考财富的来源,需要用一种更可持续、更"共生"的社会来取代目前的"寄生"体系。

早期经济学家专注从土地、劳动力和资本的价值生产等方面来度量价值。比如,弗朗索瓦·魁奈(Francois Quesnay)和"重农学派"就重视土地在价值中的作用,且从亚当·斯密(Adam Smith)到卡尔·马克思(Karl Marx)也都重视劳动力在价值中的作用。在这些认识中,是价值决定价格；而目前主流的"边际主义"概念，则以市场交换为基础，认为价格是由市场中供求关系的相互作用决定的，最终决定了价值，并强调具有价值的唯一因素，是获得价格。这对于理解价值创造与价值获取之间的区别，对于诸如租金这样的非劳动收入的性质，以及价值应如何分配，本身是具有重要意义的。

的确，价值以及如何度量价值一直是经济学中争议最多也最容易引起误解的观点之一。2008年爆发的金融危机，可能只是对未来即将出现的问题的一种预演。我们所面临的各种问题并没有得到解决，这显然还牵扯气候变化、大规模生物多样性丧失和生态系统服务质量下降等许多方面的问题。

本来，只有价值创造，才能驱动健康的经济和社会生产过程。但是，在现代资本主义中，股东从市场上所获得的报偿，远远高于他们对价值创造所获得的回报。这样的回报体系，让我们可能误认为，财富拥有者是价值创造者，这其实忽视了真正的价值。如果按照这样的逻辑，那么所有的收入都可以赚取另外一笔收入，却没有具体分析其是否具有生产力。然后，我们可能会错误地衡量国民收入和实际财富，混淆金融投机与价值创造，如果滥用专利制度，还会扼杀创新。最值得重视的还有，低估公共物品,比如公共基础设施、生态系统和社会网络的作用。遗憾的是,这似乎是目前经济学思想的核心纲领。

另外,不管是我们现在的全球国民账户体系(SNA),还是国内生产总值(GDP),都是以市场交易为基础来评估经济活动的。也就是说,只有在市场上出售的商品和服务才被计算在内。虽然这些社会经济活动大部分是有益的,但有些恰好是要规避的成本,而 GDP 则混淆了它们的区别。例如,犯罪增长需要更多的警察和安全设备,但 GDP 无疑是增加的;空气和水被污染,传染病蔓延,在 GDP 中也表现为正值。而有些社会公益活动,比如志愿者的工作、生态系统的免费服务,似乎在市场没有获得任何价值分配。所以,以 GDP 为代表的价值观,恰好证明了"收入和财富的过度不平等",并将"价值获取"庸俗地理解为"价值创造"。

按照马克思主义政治经济学的观点,资本是一种可以带来剩余价值的价值。从当前经济学的认识来看,广义的概念认为,资本是人类创造物质和精神财富的各种社会经济资源的总称。而自然资本,是指固有的自然生态系统,能提供给人们生活所需及其他自然资源。在当今经济社会这种语境下,隐含含义是,这些东西很值钱,是可以兑现的，特别是在现金为王的时候，只有维持自己的现金，才有安全感，才觉得是自己的资产。但是，我们想一想，我们为什么要追求现金呢？那不就是特殊印刷工艺下的一堆纸吗？

在我们这个人类对地球产生影响的时代，价值应被视为对地球及其所有居民的可持续福祉的贡献。生态系统是价值的创造者，但这些价值却还没有融入我们的经济体系中。而市场投机行为并没有真正创造价值，这些行为所制造的伪价值却正在破坏我们的世界。随着经济社会的发展，我们已经忘记了价值的本源是什么，我们在追求现金，追求那一堆纸。甚至还将生态系统这个本来有价值的东西，借用这堆纸来作比较，通过人类的感知，来表达和体现。要借用人类社会的经济学概念和方法，来处理生态系统中的价值问题，是不是一种本末倒置呢？

五、生态学需要进化才能应对全球性环境问题

2013 年，英国生态学会百年华诞，借这个东风，国

际生态学会2013年年会也同期在英国伦敦召开,时任理事长乔治娜·梅斯(Georgina Mace)教授作了一个主题发言,她认为:由激情和紧迫感所刻画的保育科学,目前正面临着在一定科学基础上的转化要求。一些相关的学科,从生态学、遗传学和进化,到生物地理学、社会科学和经济学,都为生态学的发展作出了不同程度的贡献。自然保育已经从维持性保护,发展到主动保育,现在发展到要将自然作为人类系统的一部分进行考虑。如果生态学想解决全球性问题,那么它就必须进化。全球范围内的重大问题,包括全球气候变化、人口增长、粮食安全、疾病传播、清洁水供应以及生物多样性丧失和生态系统服务,为生态学家步入新时代带来了压力。这需要一类新型的生态学,它将侧重于生物的整个群体,是人类与物理环境进行交流的尺度,也就是说,社会越来越需要生态学家提供一些信息,既针对特定问题、特定地点和时间,同时还具有预测性、规范性和扩展性。那么,针对生态学的价值问题,如何与经济学价值统一起来呢?

在许多场合,大自然正被有识之士重新命名为"自然资本",而且这个概念和语言在自然保护圈和自然保护联盟中用得越来越普遍,人们开始讨论自然资本对公平性、伦理、价值观、权利和社会正义这些更广泛问题的不可预见的影响。当然，也有批评人士担心，如果过分强调经济价值与生态系统价值在语言表达和模型上的不同，或者相反，反而可能会让那些呵护自然界但没有经济价值的东西变得边缘化。

为了更好地理解不同事物之间的关系，我们可以采用两个属性来进行划分：竞争性和排他性。排他性有一个门槛，是否需要付钱，付钱就是为了排他地使用。而竞争性呢，则是另一个层面的事儿，是指你在使用的时候，别人就不能用。那么，我们就可以使用这两个属性来描述我们的任何情况，我们来看看：同时具备竞争性和排他性的东西，被称为私人物品，比如汽车、电脑、食品、衣服、私人土地，你必须付钱才能获取，你拥有了，就阻止了其他人拥有同一个东西；非竞争性但排他的事物就是说，需要付钱，但所有付钱的人并没有减少其他人继续使用，我们称之为集体物品，比如，去电影院看电影，付费频道，或者去某些地方旅游；具有竞争性和非排他性的事物，不需要出钱，但一个人的使用会影响其他人的使用，我们称之为公益物品或公共资源，许多自然资源，如鱼塘、森林和水资源，大家都可以享用，但你拿到的东西不能和别人分享；最后，非竞争性和非排他性的东西，就是公共物品，比如免费的广播电视、风景、灯塔、国防、防洪系统。

我们的生态系统就归类在公益物品，这类物品，是人人可以公平享用的，不需要付钱就可以使用，但一个人的使用会影响他人的使用，也就是每个人有一定的份额。但对于公益物品来说，私营企业和个人一般是不会去生产的，因为所生产的产品无法获得收益，主要是缺乏统计和计量的方法。可是这些东西实在太重要了，最后只得依靠政府的强制性税收来作为保障。所以，根本就不是这些东西没有价值，而是价值没有办法计量和比较，是不得已而为之。

联合国可持续发展目标，就是迈向在理想经济和社会中达成广泛全球共识的重要举措。但是，这还远远不够，联合国可持续发展目标，只是给了一个方向，具体的前进路线呢？要让我们的地球维持健康状态，我们必须要从生态系统的价值出发，公平地对待地球，从而完善经济学的核心，重塑我们的价值观。

如果我现在告诉你，我们已经有办法来解决这些价值计量的问题了，有一种货币能表达出比经济价值更多的东西那就是我们对未来货币体系的畅想。在这方面，我非常开心地看到了区块链技术的发展，它也许能被用于生态系统服务的监测与计量。因为区块链技术不仅可为货币提供服务,还可以用来监视任何有价值的东西。

六、区块链技术有望成为沟通经济价值与生态价值的桥梁

一说到区块链,许多人想到的是比特币,其实比特币只是区块链技术下诞生的一个产品而已,区块链技术本身的含义要丰富得多。我们今天不准备讨论比特币,而只想用最简单的方式介绍一下区块链。我们如今使用的互联网,是以信息记录、传递为主的,所以应该称为信息互联网。网上的文字、图片和视频都是信息,可以复制,而且复制的成本极低,这加速了信息的流动,为我们的生活提供了各种便利。那么,我们现在说,区块链技术的一个重要贡献,是将人类社会从信息互联网时代带入了价值互联网时代。

信息互联网上信息传递快,造假的成本也极低,但要方便地识别信息的唯一性和合法性,却困难重重,特

别是在互联网上点对点、P2P地进行价值交换的时候，更是麻烦多多。比如，在互联网上发邮件是零成本复制，一封邮件发给一万个人较之发给一个人，几乎不会增加什么成本；但如果在互联网上付钱，就一定要有一个办法，防止一个人把一元钱付给了十个人，所以信息可以无限复制，但价值交换必须确保唯一。用什么办法可以防止这种情况发生呢？区块链技术要解决的第一个问题就是唯一性的问题。比如，比特币目前在网上进行交易和支付，你是哪个国家的人不重要，关键是你知道别人支付给你的比特币，一定能到你这里。有了这样的保障，价值互联网就有了基础。然后呢，价值互联网还必须建立一套在互联网上的规则，来建立信任关系。区块链技术，可以看作是依靠一套特殊的算法在互联网上建立的大账本，所有人都参与记账，每个人都有相同的账本，账目结果不可篡改，所有人都一致信任。这样一来，根本就不需要任何一个中心机构来管理这个账本了，所以也被称为"去中心化"。最后，零边际成本，自动兑现。由于依靠算法确保了信任关系的建立，也就没有必要找什么中介了，也就没有了手续费，交易成本当然就为零了。有了这些保障，就可以实现价值在网上的自由传递。

所以，我们看到，利用区块链技术，人们不用再去挖空心思鉴别记账人员的人品如何。因为不论参与记账的人是谁，账本都是可信的。不过还有一个问题需要解决，为什么别人会愿意为你记账呢？这就是比特币设计中的一个巧妙之处，既然人是贪婪的，何不将贪婪变成激励人们争相记账的动力呢？于是，记账最快的那个人，就获得了比特币奖励。人们把这种记账行为俗称为"挖矿"，而参与挖矿的人越多，账本就越安全，共识就越大，信任度就越高。

可见，区块链会颠覆传统的商业模式，并打破这些行业行规，促使我们思考应该如何建构社会，确定价值。区块链有望成为人类记录一切有价物的账本。那么，我们就可以在没有银行，没有信用卡，没有支付宝和微信的情况下，直接并安全地进行数字化价值的交易。当然，这并不意味着中间商会消失。相反，区块链技术为创新型公司、新机构和新行业提供了更多的机会，比以往的流程更加简化，其创造的新型价值快速进入新市场。那么，我们可以设想一下，在这样的场景下，生态系统服务所创造的价值，会以新型价值的方式进入我们的社会，打破经济价值、生态价值和社会价值之间的藩篱。

其实，随着互联网的普及，网络虚拟财产也逐渐走进了百姓生活，与越来越多的网络用户发生着越来越紧密的联系。所以，如何估算这些虚拟财产的价值，也是一个与生态系统服务价值一样，正在探索中的问题。而区块链对传统经济模式的颠覆，有望产生一些突破口。其中，虚拟财产的认定与生态系统服务价值评估甚至可以相互借鉴、完善。

我们通常讲，经济和生态失衡了。企业要增长，是不得不盈利的，而在增长中导致的环境破坏，也通常被认为是不可避免的。当森林被砍伐并变成原材料时，森林才开始在我们的经济体系中体现价值。也就是说，当你砍树卖木头时，你就会挣钱。当你种植一棵树时，你创造了价值，但不会得到报酬。然后，生态学家就试图来给森林标价，但显然有非常大的问题，甚至会带来副作用，导致有人想把整个环境都变成商品来标注价格。生态系统的价值一旦被庸俗地标上了价格，那么在比较中就更有可能被取代。比如，你说一个湖泊价值1000万元，但如果我们现在要从这个湖泊中修一条道路，可以创造1100万元的经济价值，那么，这种取代是不是就是合理、合算的呢？其实，湖泊的价值可能远远不止1000万元，它其实是无价的。

那么，我们不妨换一种思路，不是消极对抗，而是积极激励人们做更多的好事呢。如果你能通过砍树获利，为什么你不能通过种树来获利呢？所以，我们或许可以设计一种新的货币，奖励生态行动，这似乎是合乎逻辑的，可以称之为生态币。

这种全新的货币体系，能表达目前市场经济价值之外的更多价值，打通自然与经济、社会之间的联系。这种具有扩展性和分散性的价值体系，还能体现出最大的公平性。所以我相信，我们可以据此创造一种全球性的、可信赖的和可获得的通货，将自然资产的生产者有效而安全地与资产消费者进行连接。

无独有偶，其实世界各国、各机构，在对现实的担忧，对未来的思考中，都不约而同地选择了如何协调经济发展与环境可持续发展的问题。

七、诺贝尔奖委员会的主张与中国的政策不谋而合

通常，诺贝尔经济学奖与高科技并没有什么直接的关系。2018 年，世界经济学最高奖迎来五十周年华诞，瑞

典皇家科学院将注意力转向了气候变化、科技创新与经济增长的关系,当年诺奖的主题设定为:当代人类命运最基础、最紧迫的命题——全球经济的长期可持续增长以及全人类的福利。而诺奖委员会对于这个问题给出的答案是:要关注气候变化和科技创新。

威廉·诺德豪斯(William D.Nordhaus)和保罗·罗默(Paul M.Romer)分享了2018年的诺奖,他们的工作,均是建立在1987年获得诺贝尔经济学奖的索洛增长模型的基础之上。其中,诺德豪斯将环境资源要素纳入长期宏观经济分析之中,是最早、最系统地提出将环境和气候变化因素纳入对经济增长模型考量的人;而罗默则将知识与技术创新融入长期宏观经济分析之中,并完善了自己的内生性增长经济模型。

诺德豪斯认为,从经济学视角考虑气候变化问题,本质上就是对应对气候变化带来的成本和收益进行权衡,如果收益大,就应该立刻行动,这的确是非常经济学的认识。从20世纪70年代开始,诺德豪斯了解到了一些有关全球变暖,及其可能成因的证据,他当时就觉得要做点什么,之后他开发了一个可以分析气候变化在成本和效益方面的框架,可用于分析经济活动如何与基础化学和物理学相互作用而产生气候变化。他对这个议题进行了十多年的研究，1982年发表了一篇小论文，现在被公认为气候变化经济学/环境经济学的开山之作，而且对于后来《巴黎协定》中设定的2摄氏度升温限制、IPCC报告，乃至全球气候治理都起到了基础性支撑作用。

传统经济学认为，推动经济发展的劳动力和资本的规模报酬是递减的，工人价格会越来越贵，基础设施建设带来的收益会越来越少，最后，全球的人均收入会趋同，不会出现持续增长。但实际情况是，各国的经济增长率差异非常大。而罗默的内生性增长理论认为，技术的进步不仅会从外部输入，还会由有目的的市场活动在内部创造，其中包括两种增长因素——人力资本和新思想。知识这种要素，是非竞争性和非排他性的，也就是说，一个人使用知识，不会妨碍别人对知识的使用，也无权排除他人使用和自己一样的知识。而人力资源和设备、厂房则是排他性的，当知识这种要素投入生产，就会产生强大的正外部性，带来规模报酬递增，实现持续的经济增长。所以，技术的积累将带来长久、持续的增长，单靠资本无论如何都做不到。罗默是在索罗模型的前提下，把创新与科技与普通经济增长因素分开，提出了由新技术推动的商品和服务的新思想可以在市场经济中孕育，以及内生的技术进步将如何影响经济增长，又需要什么样的政策环境来鼓励这种技术进步。

　　总结一下他们的贡献。首先，作为诺贝尔经济学奖得主，他们获奖的最主要原因并不是因为探讨了经济学问题，而是因为他们开拓性的研究方法，通过分析自然界问题中的（气候变化）和知识中的（科技创新）与市场经济之间的长期影响，并将此作为一个必要工具。经济学最核心的问题之一是资源的稀缺性，也就是物以稀为贵，而稀缺性与自然资源和人类知识都有关。前者决定了我们的生存条件，后者决定了我们利用这些条件的方式，这两位得主，恰好将二者巧妙地与市场经济结合了起来。诺德豪斯认为，敬畏自然方能长久繁荣，其中气候变化的问题就是当前我们面临的最重要的问题；而罗默认为，发展科技才是强国之本，因此倡导科技创新。

　　其实，中国学者也有类似的看法。我们以国家气象局前局长秦大河院士的观点来说明这个问题。气候变化经济学为什么重要？在秦大河看来，气候变化不仅仅是自然科学的问题，更重要的是其影响着社会经济发展的模式，乃至政治决策，因此各国政府与联合国都非常重视。所以，他认为:"必须把自然科学与经济社会紧密联系到一起,才能够实现2030年可持续发展的17个目标,实现中国经济社会的转型和生态文明建设。欣慰的是,我们的方向及路径是正确的。"

为什么这么说呢?看看中国近些年的重大政策吧。绿水青山就是金山银山,这个大家应该耳熟能详吧!诺德豪斯解释了为什么"绿水青山"就是"金山银山","绿水青山"就是他研究的资源环境要素,"金山银山"就是指经济增长问题。而罗默在这个问题上告诉我们,怎样在保护绿水青山的同时获得金山银山。保护绿水青山,就是要减少资源环境要素投入,或消除污染和恢复生态系统,而金山银山是通过技术创新实现增长。另外,虽然罗默的"内生增长理论"早已诞生,但其理论模型对中国正在推进的供给侧结构性改革和"大众创业、万众创新"也颇有借鉴意义。实践证明,资本、劳动力和人力资本(知识)是推动经济增长的长期动力。一个国家若要获得持续的经济增长,从政策角度看,就需要政府对科研、教育增加投入,从而保证有足够的知识被生产出来。

八、结　语

现代人类的活动从根本上改变了地球环境和生态系统，改变了地球化学循环过程，从而改变了大气、海洋、森林、水体等生命支持系统。人类正面临着一个生死攸关的决策：如何在不破坏地球生命支持系统的情况下，为全世界人口提供足够的营养，并能体面地生活？人类必须从"向自然宣战""征服自然""人定胜天"等理念向"人与自然和谐相处"的理念转变。生态文明是人类文明发展的一个新阶段，是遵循人、自然、社会和谐发展这一客观规律而取得的物质与精神成果的总和。显然，要达到这一目的，需要我们更新认识和方法，将社会、经济和环境可持续发展结合起来，我们越来越深刻地认识到，生态学是管理大自然的经济学，是指导人类可持续的重要工具。要想了解有关这方面更详细的知识，可以关注复旦大学通识教育核心课程"生态学：管理大自然的经济学"。

图书在版编目(CIP)数据

开启问学求真之路:认识自我与世界/王德峰主编.
—上海:学林出版社,2021
ISBN 978-7-5486-1796-9

Ⅰ.①开… Ⅱ.①王… Ⅲ.①大学生-学习方法
Ⅳ.①G642.46

中国版本图书馆CIP数据核字(2021)第165246号

策　　划	孙　晶
责任编辑	胡雅君　王　慧
封面设计	今亮后声

开启问学求真之路:认识自我与世界
王德峰　主编

出　　版	学林出版社
	(201101　上海市闵行区号景路159弄C座)
发　　行	上海人民出版社发行中心
	(201101　上海市闵行区号景路159弄C座)
印　　刷	上海商务联西印刷有限公司
开　　本	890×1240　1/32
印　　张	5.875
字　　数	10万
版　　次	2021年10月第1版
印　　次	2024年7月第3次印刷
ISBN 978-7-5486-1796-9/G·671
定　　价	32.00元

(如发生印刷、装订质量问题,读者可向工厂调换)